A Thank You to English

英語の翼に元気をのせて

GITC代表

吉村峰子

Mineko Yoshimura

出窓社

英語の翼に元気をのせて◆目次

英語の翼に元気をのせて

A Thank You to English

プロローグ――ありがとう「えいご」

「えいごしゃべるってかっこいい」――確かに、私が高校生のころ、こんなことを思いました。普通の日本の家庭で育ち、たまたま本が大好きで、アメリカ文学を翻訳なしで読みたいと思ってアメリカに留学しました。私を待っていたアメリカは、日本にも普通にいる、笑ったり悩んだりする同じような人たちの住んでいる国でした。その人たちの中で勉強し、生活していく中で、どんどん「生きたえいご」に囲まれていきました。

泣きながら地道な勉強もしたけれど、「話しあうこと」を重ねることで、多くの人が私を認めてくれました。流暢《りゅうちょう》な英語じゃなかったはずなのに、私の主張に耳を傾けてくれた人。言いたいことは何なのだろう、と私から考えを引き出すように指導してくれた教授や学校の職員の方々。一緒に働いたアルバイト先の仲間たち。毎回、いやな顔ひとつせず私の宿題の添削をしてくれたルームメイトたち。そして、いまでも私のアメリカの家族であるホストファミリーのネイス一家。私はあっちにぶつかり、こっちで転びながらも、「えいご」のおかげで、ほんとうに幸福な学生時代をおくりました。

その後、日本へ戻り就職したのが、青年海外協力隊の訓練所です。開発途上国のそれぞれの任地へ赴任する前の隊員候補生に、語学や異文化への対応を訓練する役目の「えいご」の先生です。ここには、私の知らない日本人がたくさんいました。でも、不思議なもので、彼らは私の日本復帰へのベストパートナーでした。そして、そこで出会った一番不思議な日本人と結婚したことから、私の「えいご」とのつき合いがアフリカまで広がることになりました。

アフリカにはものすごく違う価値観の人たちが住んでいる、と確信していました。ところが、そうでもなかったのです。アメリカやデンマークでも同じだったように、めちゃくちゃ大きく意見の違う人もいれば、もしかしたら前世は姉妹ではなかったか？ と思えるような友人にも会いました。これは何なのだ？ という嬉しい興奮。リベリアでは長男の出産という得難い体験もしました。ところが、アフリカの政治の世界はいまだに不安定。リベリアで十年間続いた独裁的な政府が打倒され内戦が勃《ぼっ》発《ぱつ》し、スーツケース数個をかかえて、日本に帰国したのです。

四年ぶりの日本。どんなに落ち込んでもへこたれないことで有名な私が、半年間無気力感・脱力感に襲われました。帰ってきた祖国のあまりの物質文明ぶり。生死の分からない友人を気づかう私には、現実を直視するのが辛かった。

「これではいけない」と一念発起し、私ができることをしようと決意しました。それは、日本の子どもたちに「えいご」を教えて、その子たちに、「ことば」を使って、すべての人びとにとって、世界をもっと住みやすい場所にするために、行動する人になってもらうことです。

その後、私は志を同じくする何人もの素晴らしい仲間にめぐり合い、日本の英語教育を変えるのだ！　という強烈な目的のもと、黙々《もくもく》と、「えいごの教材」を作成してきました。私たちの祈りにも似た、それはそれは力強い、「変革の材料」です。その材料もずいぶん貯まってきたな、というところで、私たちに時代の風が吹いてきたようです。

　人と人とが心を開きながら、「ことば」でやさしくつながっていくのは奇跡です。でも、心さえ開けば、そして、その開いた心を伝える「ことば」を持っていれば、この奇跡は誰にでもどこにでも起こります。そんな「えいご」があるんだよ、ということを言うために、私は今日も原稿を書きます。生徒の声に耳を傾けます。そして、授業をします。「かっこよく」はなれなかったけれど、「えいご」をしゃべれるようになった私は、「えいご」に感謝する毎日です。

第1章

英語は得意ではなかったけれど

大学の学生寮にて

1＊学校英語非優等生のアメリカ留学

「えっ、留学？　あなたが？」

と言われるくらい、中学・高校時代の私は英語という科目に秀《ひい》でていたわけではありません。今も思い出すのは、高校三年生の三学期、数名の友達と遊びに行った帰りの電車の中でのことです。向かいの席に座っている乗客が、英語で書かれた紙袋を持っていました。すると、友人の一人が私に聞きました。

「あの英語、どういう意味？」

聞かれた私が答えられずにいると、別の友人がその意味を申し訳なさそうに告げました。みんなの顔がいっせいに私に向き、「留学、大丈夫？」と不安そう。私は、「大丈夫、アメリカに行ってから勉強するから」と思っていました。今思えば、私は留学するための英語力もなければ、周囲の大人を説得するだけのしっかりとした立派な「理由」も持たない留学志望の高校生でした。ただ、私を支えたのは、自分の目指す「英語」と中学・高校で学んでいた「英語」は別物だという確信です。そして、日本にいる間は英会話を学ぶことより、とにかく日本語で書かれたあらゆる方面の読書をすることと、中学から始めた剣道と華道を「動」と「静」の日本文化として身につけることに、精進《しょうじん》しようと決めていました。

小学生の頃から読書は楽しかった。内容をすべて理解していたわけではないのでしょうが、本を一日か二日で一冊読む習慣は続けていました。この一冊とは、まんがが続く日もあれば、ロシア文学に傾倒する時期もあれば、日本の児童文学に浸る時期もありました。

私の少女時代の昭和四十年代は、読みごたえのある少女漫画全盛期でした。池田理代子や山本鈴美《すみ》香《か》、木原敏江などの物語性のある長編まんがを心躍らせながら読みました。外国への憧れや人間関係の難しさ楽しさは、彼女たちの織り成す漫画の世界で学んだと言ってもいいくらいです。また、現代の日本を的確に描写しながらも、摩訶《まか》不思議な日常を切り取る大島弓子の世界で、空想の世界に遊ぶ楽しさも堪能《たんのう》しました。中学で、太宰治に接し、その後石川啄木の歌に惹《ひ》かれたのも今考えれば、定石どおりなのでしょう。児童文学の世界でも、私が好んで読んだのは、『木かげの家の小人たち』や『くらやみの谷の小人たち』の、いぬいとみこが表した「平和」がなかなか実現できない現実の世界でした。また、さとうさとるの「コロボックル」の世界にも没頭した時期があります。やみくもに本を読んでいたようでも、「著者」を特定し、その「著者」の作品を読み進める醍醐味《だいごみ》を味わっていたようです。そして、高校生になった私が没頭したのはアメリカ文学でした。これらのことが、私を異文化の扉の前に進ませるきっかけになりました。

そんな日本の子ども・青年時代を送った私が、さまざまな英語とのつき合いを経て、現在は日本を初めとする非英語圏の国々の子どもたちに、どう「英語」を教えていくかということを研究・実践する毎日を過ごしています。中学の検定英語教科書の著者にもなり、中学以来ずーっと「英語優等生」であったに違いない大学の先生方や現役の中学の英語の先生方に混じって、年季《ねんき》の入った「学校英語非優等生」の私が議論を戦わせています。「英語」を学ぶということは、「英語を使って人びととつながる」ということだ、と子どもたちに実感として理解してもらうためにはどうしたらいいのだろうか。出発点を違うところに置く方々との共同作業は簡単にはいきません。ただ、私が自信を持っている長所のひとつである、「あきらめない」を信条として、少しでもいいものを子どもたちに届けよう、という願いのもと奮闘しています。

日本の学校で私は優等生ではありませんでした。特に、いまこれだけつき合いの長くなった英語の成績は、5段階評価で「4」がせいぜい。多くの場合は「3」をもらっていました。もちろん、本当に英語が嫌いで、成績が1とか2がついてしまう生徒だっていることは承知しています。ただ、一九七〇年代にアメリカへの留学を志望する生徒で、英語の成績「3」という人はほとんどいなかったんじゃないか、と変な自慢をしているのです。だからこそ、私は、いま日本の「英語」が得意ではない中学生や高校生を自信を持って励ますことができます。学校の「英語」の勉強ができなくても、将来にわたって、自分と英語との関係がそのまま続くということはないのです。もちろん、中学検定英語教科書の著者の一人として、学校の「英語」も何とか変革していきたいと努力しています。しかし、いま、学校で「英語」とのつきあいに疲れてしまっている生徒たちが、このまま「英語」を将来にわたって、見捨ててしまうことも残念なのです。大丈夫です。学校英語がすべてではありません。「英語」を「人と人がつながっていくためのことば」と考え直すと、英語はまったく別の魅力を見せてくれるようになります。

最近の多くの「英語」について書かれた書物の中には、中学から会話練習をすれば日常会話は簡単であるとか、日本を理解・紹介する内容で徹底的に文法・語彙《ごい》を学べとか、もっともらしいことが書かれています。しかし、これらは現在の子どもたちからたいへん距離があります。その類の本を書いている人たちは、終戦直後にごく少数のエリート向きの奨学金《しょうがくきん》でアメリカに留学したり、また、一心不乱に「勉学」に励む能力や環境がそろっていた人たちばかりです。そのような方々が個人的に払ってきた努力には敬意を払いますが、その「能力」を普遍化して、いかにも努力さえすれば、自分のようになれます、という啓蒙《けいもう》の仕方には賛成できません。「やればできる」とか、「努力すれば成功する」という励ましは、残念ながら、普遍性はないのです。

ここに象徴されている「ひとつのことに集中する」ということが、どれほどの体力や持久力を要するか想像してみてください。十人十色ということを教師が尊重するのであれば、「勉強」に集中できないという「個性」を持った子どもたちがいることも認める必要があります。世の中がすべて「学校勉強優等生」でも困ってしまうのです。それぞれの個性が発揮できる場所をいかに多く用意するか、ということにもっと時間をかける必要があります。「学ぶ楽しさ」は、いくら言葉で力説しても表現しきれません。それこそ、一人ひとりが実感しなければ納得できない領域のものです。ところが、私が心と身体を精いっぱい使ってつきあってきた「英語を使って人とつながる」世界では、「学校英語」が得意かそうでないかは、そう大きな意味を持ちませんでした。

2＊「翻訳」していないアメリカを知りたい

受験勉強はいっさい放棄し、ただ読書に励んでいた高校時代でした。ところが、ある時ある事実に気づき、がく然としてしまいました。

「私が読んでいるサリンジャーは、日本語でこれを書いたのではない。私が読んでいる彼の『ことば』は、私の知らない誰かの頭の中を通ったものなのだ！」

いま思えば、それでどうしたという類のことなのですが、その頃の私は悩んでしまいました。どうすればいいのかと考えた結果、これは、サリンジャーやギンズバーグが自分の「ことば」として使用した「英語」そのもので読めば良いのだ、という結論にいきつきました。何という単純なことだと喜んだものの、ふと気がつけば、私にとって「英語」はそんなに得意なものではありません。いまさら学校で教わっている英語の勉強を一生懸命したところで、私が欲している「英語力」がつくとも思えませんでした。また、日本の大学に対してあまり期待していなかったので、受験勉強を始めて大学に入り英文科に進むのも全然現実感を伴いません。そこで、「留学」という選択肢が出てきました。高校二年の春のことです。ただ、一挙に「留学」ということに自分の考えが決まったものの、両親や学校の先生に対し、この「どうして」の部分が弱いことも認識していました。

そこで、ここがたいへん無謀であり、大胆だったのですが、留学する理由を「アメリカに行きたい」の一言で通すことにしました。いま思えば私の両親もいい加減でした。一九七〇年代の後半です。まだまだ留学がそう簡単ではなかった時代です。いま思えば私の両親もいい加減でした。経済的にも有り余るほど余裕はなかったと思うのですが、「反対する適当な理由」がないために、私の留学を渋々認めてくれました。父などは、第二次世界大戦で若くして戦死した叔父のことを持ち出しました。

「おまえのおじさんはたった十九歳でアメリカ人に殺されたのに……」

私はこう答えました。

「……だから行ってくるよ」

父もそのとおりだ、と考えたようで、叔父の戦死のことはいっさい言い出さなくなりました。でも、このことは私の中に深く沈み、折りにふれ、会ったこともない叔父のことを思い出すようになりました。

そして、さらに幸運なことに、この「留学」は、私一人の単独行動ではなかったのです。その頃一番仲のよかった友人と一緒にアメリカに行こう、ということになったのです。まったく、どこかに「遊びに行く」感覚です。他の留学生にはひそかにあっただろう「悲壮感」のかけらもなかったのです。彼女の家も、お父さんが早くに病死され、お母さんが公務員として一人でがんばっておられる普通の家庭でした。

でも友人が一緒というのは心強いものです。ともかく二人は楽しくアメリカ社会に入っていきました。この経験がどれほど今の私に役立っているか分かりません。未知の文化、人びとの間で、同じような感覚を共有する二人が生活し勉強していくのです。もちろん、親しさゆえのけんかもありましたし、嫉妬もありました。でも、彼女は私の一番の理解者でしたから、私が何をしても本質的には守ってくれる、という安心感を常に与えてくれたのです。これは、異文化のなかで生きていくうえでどんなに強い味方だったか知れません。自分以外の他人を受け入れるということは、その人格や背景をすべて引き受けることで、目の前の小さな不都合には右往左往しながらも、その「受け入れる」という現実は何があっても変わらないという、今の私を支える哲学は、彼女とアメリカの世界で奮闘するうちに体得したと考えています。

「翻訳」されていないサリンジャーを読みたいと思ったことの中に、文学の世界に現われる文化的背景を理解したいというものがありました。例えば、日本で生まれ生活していれば、「七五三」という言葉を聞けば、七五三のイメージがパーっと広がります。この感覚を英語でも養いたかったのです。ユダヤ教に、この七五三のようなものにあたるバーミッツバ（Bar Mitzba）という、十三歳になった男の子のための儀式があります。これを、「七五三」を理解するのと同じように理解したいと思ったのです。

六年間の留学を通して分かったことは、この「理解したい」と願う方向性を、特定の行事や文化的特徴に限定してしまってはいけないということでした。世界にはそれこそ星の数ほどたくさんの人間の営みがあって、ひとつひとつを完全に理解するのは不可能です。ただ、そのひとつひとつには、理由があり歴史があるということを尊重することこそが大切だ、ということが分かってきました。

3＊アメリカはおもしろい

一九七七年六月六日、高校を卒業して留学の手続きを終えた私は、アメリカ合衆国の太平洋側にあるオレゴン州ポートランドに着きました。迎えてくれたのは、学校が準備してくれていたホストファミリーのお父さんです。その頃の留学生は、学校が始まるまでの数日間をホストファミリーの家で過ごすよう学校が手配してくれていたのです。いまは留学生の数そのものが増えたり、ボランティアをしてくれるアメリカ人家庭の絶対数が減ったこともあり、一留学生につき一家族ということはないようです。私たちの時代は恵まれていました。

今でも赤面しながら思い出すのは、空港から家までの車の中で、私が「英語」で一生懸命熱弁をふるったことです。自分の名前を表現できるくらいの英語力しかなかったのに、自己紹介しながら私は大胆にもこう言ったのです。それも同じ事を何回も何回も！

"Hello, My name is Mineko. Education is important."

（私の名前は峰子です。教育は大切です）

とても唐突だし十八歳の日本からの留学生が言うセリフとしては変です。でも、彼はただ黙って、うなずいていました。英語で話しかけられても理解できない状態の私でしたが、アメリカに到着したことですっかり舞いあがってしまい、理解できない英語を聞かされるよりは話しかけようというとんでもない態度で、自己流の英語をまくしたてていたのです。今思い出しても恥ずかしい。でも、多くのアメリカ人のお父さんたちはこういう時、本当に寛容で忍耐強いのです。まくしたてる私を注意することもなく、じっくりと耳を傾けてくれるお父さんは、まるで映画の中の主人公のようでした。

アメリカと一口に言っても実にさまざまな人びとが住んでいます。私を迎えてくれた家族はイタリア系の移民のご主人とスカンジナビア系の奥さんとの再婚家庭でした。自分たちの幼い子ども二人のほか、前の奥さんの子どもがしょっちゅう出入りし、人間関係を理解するだけでも大仕事でした。日本人留学生のホストファミリーになることに関して、お母さんは熱心だったのですが、家族の他の人たちはあまり興味もなさそうでした。

さて、この到着の夜、私はけっこうなカルチャーショックを受けました。用意されていた夕食が私が期待していたものと大きく異なっていたからです。その頃食欲のかたまりのようだった私は、アメリカ家庭の夕食に大きな期待をもっていました。しかも日本から初めてやって来る私を迎えてくれるのです、期待は膨らむばかりでした。「ステーキかな、大きなかたまりのローストビーフかな……」

ところが、私が目にしたものは、ホットドッグでした。たぶん、これはメインの食事前の前菜なんだ、と自分を励まし、なんとなく次の食べ物を催促したい。ところが、長旅の疲れもあるし、なんといっても「英語力」がないのです。辞書をとってくるにも、伝えたいことがあまりにもはしたない。結局、私はこのホットドッグを前にして、やっとこれだけ言いました。

"Hot dog, good in Japan."（ホットドッグは日本でもおいしい……）

これを受けてお母さんがこう言ったのも鮮明に記憶しています。

"Oh, You have hot dogs in Japan?"（えっ、日本にもホットドッグがあるの？）

「ああ、通じていない……」とおたおたしているうちに、なんとホットドッグを食べ終えた子どもたちが席を立ち始めます。やっと、ホットドッグが夕ご飯だったんだ！　ということに納得せざるを得ませんでした。だって、「えっ、これで終わり？」という疑問が挟《はさ》めないくらいみんなが満足そうだったのです。

この夜、私はお腹は減っていたけれど、なんとなく愉快な気持ちになっていました。私が肩をいからせるくらい持っていたアメリカへの憧れや期待感や緊張感が、シワシワと緩《ゆる》やかになったのです。

「アメリカっておもしろいじゃない」

　これが実感でした。日常の生活は大切にするけれど、決して特別な無理はしない、という生活の基本を否応なしに納得させられたのです。私は、「さあ、どうだ、日本から来た留学生だぞ！」というよろいを着ていたわけですが、「それの何が、そんなにたいへんなの？」という彼らの素朴な態度でよたよたとなりました。追い討ちをかけるように、次の日に出かけた街で、いきなり、アメリカ人から道を尋ねられた時に、この「留学生だぞ！」というよろいは完全に脱ぎ捨てました。

　私は、その日から、ただの「英語がへた」な十九歳の、どこにでもいるアジア系の女の子の一人になって、一年に三百日は雨が降るといわれる、オレゴン州のポートランドの街を歩くようになりました。

4 ＊アメリカにはアメリカ人以外がいっぱいいる

日本の普通の公立高校を卒業したばかりの私と友人は、私立のこじんまりとしたルイス・アンド・クラーク大学の付属の英語学校へ入学しました。そこで、大学で学ぶための英語を身につけるのです。この付属の英語学校は当時ＡＬＩ（American Language Institute）と呼ばれていました。ＡＬＩにはレベル2から7まであって、テストを受けた私たちが、そろって振り分けられたのは一番下のレベル2でした。先生方からも、他の日本人からも「日本人でレベル2から始めるのは珍しい」と思われていたことも後で知りました。

一クラスの人数はだいたい七～八名です。ところが、その構成メンバーが新鮮な驚きでした。日本人の私たち二名のほかに、イラン人が二名、サウジアラビア人が二名、韓国人が一名、そして、ベネズエラ人が一名と多種多様なのです。クラスの種類によって、このメンバー構成がちょっと変わりました。年齢幅はかなりありましたが、年齢以上にその個性のバラバラなこと。お国柄といったものももちろんあったのでしょうが、やはり毎日一緒に勉強していると、見えてくるのは各個人の「性格」

です。

この集団は楽しかった。だいたい授業内容のレベルはそれほど大変ではなかったので、さすがの私でもついていけるのです。それだからこそ、あまり勉強に追われることもなく、じっくりと留学生活を楽しむことができました。クラスの友人との人間関係もそのひとつです。

「へー、イラン人てこんなことを不思議がるんだ」

「ベネズエラ人って冗談が好きだなぁ」

といった「お国柄」のせいだと思っていた各国からの学生への印象が、徐々に個人レベルへと変わっていきます。

「サルマって、けっこう図々しい」

「マリオっていつも女の子をチェックしてる！」

授業の参加の仕方も、サウジアラビア人やベネズエラ人が分からなくても手をあげるのを見て、ため息をついているのは、私たち日本人と韓国人です。間違いを言いながらも平気な顔。さらに、「積極的である」という理由で、先生にまで誉められている彼らを嫉妬しました。「ずるい」とも思っていました。それができないのは私たちと韓国人のクラスメイトです。でも、そういった時のこの三人に生まれる連帯感は「アジアの私たち！」そのものでした。つたないながらも私と韓国の彼女とが英語でつながっている連帯感。ぞくぞくするくらい嬉しかったことを覚えています。しかも、この連帯感は覚えたての「英語」で結ばれている、という実感があるのです。でも、この連帯感のための「英語」はこんな程度でした。

"I like Kimchee very much!"（私、キムチ大好き!）

日本の学校英語だって、この程度の英語は絶対学んでいたはずです。でも、この***"I like Kimchee."***は、ただ私がキムチを好きだ、と言っているわけではないのです。私は、全身の力を込めるように、「キムチを好きな私は、キムチの国から来たあなたのことを信頼している」といった彼女への好意や信頼感を***"I like Kimchee."***を通して伝えていたのです。

すると、彼女のほうもそれが分かるから、私からの信頼感をそのまま彼女からも私に返してくれるのです。これは、身ぶるいするくらいの経験でした。表現される「ことば」以上に伝わる「思い」は、力強いことこのうえありません。「ことば」でつながるという経験は、一度味わってしまうとやみつきになるのです。

そんなこんなの毎日でしたが、十週間後に行われた進級テストで、日本人の私たち二人は見事に一レベル飛び級し、レベル4に進めることになりました。その時、飛び級ができなかったサウジアラビア人のクラスメイトたちの驚いた顔が忘れられません。次のテストには答案をこっそり見せてくれ、と真剣に言われました。

日本から一緒に来た友人は、一年で帰国することになりました。彼女は、その後大手の建築会社に就職し職場結婚しました。結婚相手の海外赴任に同行し、南米のコロンビアに五年、インドネシアに五年駐在しました。現在は十歳になる女の子のお母さんです。残念ながらスペイン語やインドネシア語を学ぶのが忙しく、英語とはすっかり縁遠くなってしまったようです。

私が英語を学んでいたALIは、ルイス・アンド・クラーク大学の付属の機関でしたので、大学の正規の学生になるのも一般から直接願書を出すよりも有利だったと思います。特に、付属学校でのクラスのレベルが上がってくると、大学の体育や美術の授業も平行して受講できるようになり、留学生たちが徐々にアメリカの大学生活に入っていけるように、学校側の温かい配慮がありました。私もアメリカで初めて冬を迎える頃には、一般の学生に混じりスキーの授業をとっていました。

このALIから正規の学生になるには、TOEFLと言われるテストで、五百点以上を取らなくてはなりませんでした。一九七七年の夏学期から入学し、三学期目だった冬学期からは、体育の授業などを受けていたのですが、次の春学期の途中で受けたTOEFLで、私は四九五点しか得点を取ることができませんでした。ルイス・アンド・クラーク大学では五百点が入学条件でしたので、通常では、別の大学に移らなければならないところです。ところが、ALIで秘書をしていたマリオン・ドッドソンという女性が、私のことを特別推薦してくれたのです。彼女は、私だったら大学の一般のプログラムでも絶対大丈夫、という太鼓判《たいこばん》を押してくれたのだそうです。そのせいでしょう。ALIから学部への転入の合否判定会議で、私はTOEFLの点数が足りないにもかかわらず、めでたく合格になりました。

私の留学時代を彩るさまざまな友人たちの中で、メキシコ人とマレーシア人の二人の男子学生を忘れることができません。彼らは「英語力」をもともと身につけていた「外国人留学生」でした。メキシコ人のアレックスは、お父さんがノルウェー人、お母さんがドイツ人とメキシコ人の混血で、非常に珍しいらしい、「赤毛のメキシコ人」ということを自慢していました。マレーシアから来ていたチアは、見上げるほど背の高い中国系マレーシア人でした。その頃、留学生たちは、インターナショナル・スチューデント事務所によく招集され、異文化の中での対応などの講習を受けたりしていました。三人はなんとなくウマがあい、食事を共にしたり週末遊びに行ったり、と楽しく時間を過ごしました。

この三人の結びつきはけっこう強く、三人がそろって同じ時期に卒業するまで、つかず離れずのつき合いが続きました。今、考えると、この「結びつき」には理由がありました。三人とも大ざっぱな性格で、他の留学生が直面する「異文化の衝突」に大らかに対処していたのです。圧倒的に数が多いアメリカ人学生の中で、三人がそれぞれの文化的背景で議論するのは楽しかったし、ここでもアメリカ人やアメリカ文化に対する非主流としての「連帯感」がありました。

アレックス、チアと私がどうして仲良くなったのか。それは、ルイス・アンド・クラーク大学は、私学で学費が高めの大学だったため、奨学金を受けないで在籍しているアメリカ人の学生は、裕福な家庭出身の学生が多く、そのためか、世間知らずが多かったからなのです。話をしていても、彼らの世間が狭いと感じることが多く、自分の祖国を離れて生活している私たちには、なんとなく物足りないと感じてしまう側面もあったのです。

それぞれが、多くのよきアメリカ人の友人にも恵まれながらも、まるで「別枠」の感覚で、アメリカ社会への不信や苦言を述べ合うことができる留学生仲間に恵まれたことが、私の留学生活に絶妙なバランスをとってくれていました。

5＊カーペンターズってこんなこと歌っていたんだ

留学生活も二年くらい経った頃でしょうか。普段の日常会話だけでなく、授業にもそれほど抵抗なくついていけるようになっていました。授業の選択をする際などは、宿題をきっちりこなすにはまだまだ読解力が足りず、四苦八苦していました。ただ、なるべく教科書の数が少ない教授の授業を探していました。中間テストや期末テストの前などは、長い時間をかけて教科書に目は走らせているものの、何も頭に入ってこないような状態の時もありました。でも、私の選択した授業は、教科書に何が書いてあるかということを問うことは少なく、授業中に討論したことや、自分はどう考えるかということを述べさせることに重きが置かれていました。

これと趣をまったく異にするのは、タームペーパーと呼ばれる論文です。ここでも一見、自分の考えを述べさせられるようですが、そうではありませんでした。大学時代の論文は、徹底的に、ある分野でどの人がどの研究をしていて、自分はこの人のここに共鳴するといったことを調べて、それを実証的に書かされることに終始しました。つまり、アメリカの大学教育は、専門家を育てるための「基礎」にあたる部分を徹底的にきたえるのです。自分の意見を論文に盛り込むのは、大学院に入ってから、という気風さえあるのです。

こんなエピソードを一年生の時、導入のガイダンスで聞きました。

テニスがとても上手な子どもがいました。でも、専門的なコーチにはついたことはありません。独学です。ある日、この子どもがプロのテニスのコーチに出会いました。いままで疑問に思っていたことや、確信していたことなどをコーチに伝えました。そのひとつが、

「私、発見したの。相手のコートに決まるいいボールって、ラケットのこの真中のところにいつもあたっているよ」

すると、コーチが言いました。

「すごいことを発見したね。それじゃあ、この本を読んでごらん。きっとおもしろいよ」

その「本」には、その女の子が「自分で発見した！」と思い込んでいたすべてのこと、いえそれ以上のことが書かれていました。

この研修で私たちは、いまから大学生として、「知の森」に入って行くための心構えを学ばされていたのでしょう。自分が勉強したいこと知りたいことは、必ず入り口がある。まず、どんな人がどんなことを言ったり研究したりしているか調べなさい。過去の学者の論争にも耳を傾けなさい。それがひと通りめどがついたら、その過去の知識を生かして、自分の考えや経験を加えて発表しなさい、というものでした。この教え方は今ではもう古いのかも知れません。ただ、私はこの方法できたえられ

ました。学問を通しての謙虚さを学びました。そして、新しい「考え」にも、その根拠は必ずあるのだ、というつながりを知りました。また、授業での討論では、日本からの留学生ということで、常に日本での現状を聞かれます。これは、どの科目でもそうでした。大学二年の頃、私が選択していた授業は、コミュニケーション学が多かったのですが、その他の授業、例えば、社会学でも体育の授業でも、「ところでこれは日本ではどう？」と必ず聞かれました。結果的に、私は四年間の大学生活で結構いい成績を残したのですが、これは、ひとえに「日本ではこうです」が利いたと思っています。

ちょうどこの大学二年の終わり頃、私の「英語力」に関し、画期的な出来事がありました。いつものように、寮の自分の部屋へ帰り、教科書を開く前に日本へ手紙でも書こうとして、ラジオを何気なくつけました。しばらくすると、ラジオから懐かしいメロディーが流れてきます。カーペンターズです。高校時代によく聞いていた曲です。ところが、このときラジオから流れてくる歌詞の「意味」が流れてくるのと同時に理解できるのです。

When I was young I'd listen to the radio, waitin' for my favorite songs....

（若いとき、よくラジオを聞いたものだわ、大好きな歌がかかるのを期待して……）

私にとっては衝撃的でした。歌詞をそのとき初めて理解したということは、彼らの歌を好んで聞いていながらも、その「内容」はまったく理解していなかったのです。

「えっ、カーペンターズってこんなこと歌ってたんだ！」

「英語」が分かるってこういうことなのね、とつくづく自分で感心しました。そしてこれは自分の「英語力」の進歩を客観的に認識するいい機会にもなりました。

自分の語学力の進歩をその都度客観的に確認するのは難しいことです。私も、このカーペンターズの歌が突然理解できたように、自分の英語の進歩に驚きました。ただ、私は、他の留学生仲間からも驚かれるくらい失敗を恐れなかったようです。なんと言っても好奇心いっぱいの十九歳です。また、日本で「英会話」と称する会話の訓練を受けたことのなかった私は、身近なアメリカ人の「ことば」をその場面とともに見て、聞いて、覚え、使ってみるということを日常的に行っていたのです。「これは間違っているかな」という疑問など持つ暇がないくらい、私の興味は広がっていったのです。

学校英語の優等生でなかった私は、自分の知識と照らし合わせて思い悩む必要がなく、あるがままの英語を吸収していったのです。たぶん、いろいろな人に迷惑をかけたと思うのですが、毎日を生きることにがむしゃらで、わからないことは聞く、覚えたら使ってみる、といった一連の行動を繰り返しました。すると、いつのまにか、私は自分の考えを表すことに不自由を感じなくなっていたのです。

6 ＊私をきたえてくれたアルバイト

一九七〇年代のアメリカでは、外国人留学生も週二十時間以内であれば、学校の内外でアルバイトが認められていました。私の英語修行で、このアルバイトできたえられた経験が大きな意味を持ちます。

私のアルバイトの最初の一歩は、寮の学生食堂での食器洗いです。時給二ドル七五セントでした。その頃の円とドルの為替相場は一ドル二八〇円前後でしたので、日本円に換算したら時給約七七〇円で、日本と比較すればずいぶん高給でした。さて、その皿洗いのアルバイトは、私のふわふわとした自尊心をどん底に突き落とすことから始まりました。私の出身大学の学食のアルバイトは、伝統的に、新入りは皿洗いからのスタートでした。なんとしてもアルバイトの職につきたい私は、「皿洗いからですよ」という学食の職員の説明に、深い意味を汲み取る力も、それがどんな仕事かを考える余裕もなかったのです。

アルバイト開始の当日、白いユニフォームを着て「皿洗い室」にいきました。そこで私が見たものは、ベルトコンベアによって流されてくるものすごい量の残飯。そして、その臭気の凄《すさ》まじさでした。新入りの私の仕事は、なんと、素手で！　お皿に残された残飯をそれぞれのゴミの種類に分けることでした。そこで先輩格で働いていたのが、トリニダード・トバゴというカリブ海の小さな島国から来ていたマリオでした。彼のスペインなまりのある英語で、こう言われました。

"Can you work here?　I thought Japanese are all rich!"
（ここで働けるのか？　日本人はみんな金もちだと思ってた！）
"Of course, I can!"（もちろん、ここで働きます！）

彼は経済が専攻の学生でした。少々いじわるっぽく言われましたが、その時の私は、この臭いをどうしようと考える方が先でした。でも、何事にも順応しやすい私は、最初の頃は鼻から息をしないようにしてしのぎましたが、それさえも面倒くさくなった数日後には、すっかりその臭いに慣れていました。「臭い」より私を悩ませたのは、他人の食い散らかした残飯を素手で選別する、という業務内容でした。学食はカフェテリア式で料金は学費とともに前納です。これが、学生に「お金を払った」という意識を薄くさせます。すると、せつなくなるくらい食べ物を残すのです。私は「食物を無駄にする」ということを諫《いさ》められる家庭で育ったので、手をつけてもいない食べ物を「残飯」として処理することがとても辛かった。また、残飯処理という「仕事」にけっこう自尊心が傷ついていたのでしよう。次々とトレイが回ってくる忙しい間はいいのですが、ちょっと間隔があく時など、思わず涙がツツーと落ちてきて考え込んでしまいました。

「こんなことするためにアメリカに来たんじゃないのに……」

今考えれば、甘ちょろいお嬢ちゃんの感傷です。でも、そんな私を救ってくれたのは、なんと、その食器洗い部屋のあまりにも混乱していたシステムでした。効率が悪いのです。バケツの置かれている場所ひとつとっても、どう考えても理にかなっていないのです。私は、その非効率な条件をひとつひとつ改善するよう、手を打ち始めました。すると仕事の効率がぐんと上がり、やりがいさえでてきました。その時に決まって使っていた言葉があります。

"I think this is better."（こっちの方がいいです）

当時、そんなに流暢《りゅうちょう》に英語を操ってはいなかったのですが、*"I think this is better."* と言って、バケツの位置を直し、紙類のごみはベルトコンベアーにお皿を乗せる前に学生たち自身に選別して捨ててもらうようにし、とさまざまな「改革」をこちょこちょと敢行していきました。いま考えれば、「こっちの方がいいです」と言いながら、でも、どうしてかという理由は説明せずに、にこにこしながら職場の風景を変えていった日本人に、反感を持った人もいたと思うのですが、不思議に誰からも私に対して「反対」の声は出ませんでした。

そして、ここからがアメリカの凄さです。三か月ほど経ったある日、学食のマネージャーから呼ばれました。なんとなく不安を胸に感じながらマネージャーの前に座りました。

"There is a position in the cooking room. I would like you to move on!"（調理場に空きの仕事があります。あなたに昇進して欲しい）

意外にも「昇進」のお誘いでした。私の頭にとっさに浮かんだのは、先輩のマリオのことです。順番から言えば「昇進」は彼の方が先のはずです。でも、その頃の私の英語力では、とっさに気のきいたことも言えません。私の口から出てきた言葉は、自分でも思いがけないものでした。

"Thank you."（ありがとうございます）

これで昇進が決まり、私は次の日から朝食シフトの卵係りとなりました。そして、ここでも、一つの鉄板で一度に二十個ほど目玉焼きを作りながら、黄身の固め柔らかめに差をつけて提供したところとても喜ばれました。その後、私は学生の待遇としては最も高い地位だったサブマネージャーまで昇進しました。その過程で、私は実にさまざまな経験をしました。マリオが私の皿洗い部屋での改革に感心して、賛成してくれていたことも後で他の学生から聞きました。彼は、私の昇進も当然のことだ、と言っていたそうです。シャイな彼は私には何も言いませんでしたが。ラテンアメリカンの男性だってこんな人もいるんだ、と思ったことを覚えています。人間関係でどんな言葉を使ったらいいか、ということも学食で働く仲間の会話をじっくりと聞いていたことが役立ちました。そして、サブマネージャーとして数十人の学生を束ねる頃には、英語も普通のアメリカ人学生と同じように自由に使いこなせるようになっていたのです。

働き始めた頃の私は、とにかくほかのアメリカ人たちと「同じように」働くことに懸命でした。この「同じように」には、当然ですが英語も含まれます。全身が「耳」のようにあらゆる機会を逃しませんでした。ある日、仲間内でコーヒーカップを手に談笑していたところ、一人のアメリカ人が手を滑らせカップを落として割ってしまいました。

"Ups, I did it again, sorry!"（いっけない、またやった、ごめん！）

すると、周りの人間が、カップを割ったことよりも、彼の手を気遣います。

"Are you Okay?"（大丈夫？）

これは私にとって新鮮な驚きでした。カップを割ることに関しては、まったくとがめられたりしない。そして、この言い回しもとてもスムーズで格好いい。好奇心のかたまりの私は、この同じ状態でこの同じ英語を使ってみたいと思いました。早速、別の仲間と同じように談笑をしていたとき、わざとカップを落としてこの「セリフ」を言ってみました。すると、まったく同じ反応が、この別の友人からも返ってきたのです。私は、カップを割ること自体をとがめられない「大人」の環境にも、同じ反応をみんなから引き出した自分の「英語」にも感動していました。私は日本を高校生活が終了する時点で出発してきていたので、日本の「大人の社会」を知りませんでした。よく考えてみれば、日本だって、大人がカップを割ったとしても、すぐ叱責されることなどないのです。

第2章

学生が「学び」をデザインする

学生寮の友人たちと

1＊教育学とコミュニケーション学と英語

日本とアメリカの大学には、さまざまな違いがあります。その中でも大きな違いとして、入学方法と自分の「専攻」を決める時期があります。日本では専攻を入学前に決めます。しかも、同じ大学を専攻を変えて複数回受験することもあるようですが、アメリカの大学はそのようなことはありません。まず、アメリカの大学へ入学するためには、高校時代の成績と、日本のセンター試験のような全米のどこででも受験できる実力テストの成績、そしてどうしてその大学に入りたいのかを書いた作文の三点での勝負です。それぞれが自分の行きたい複数の大学へこの書類を郵送します。大学へ赴《おもむ》いて試験を受けることはありません。面接をする大学もあるようですが、必ずしも強制していないところが多いようです。合否通知はやはり郵送されてきます。そして、入学してから最初の二年は、さまざまな授業を受けながら、三、四年生での専攻をゆっくり決めていきます。これはとても合理的です。わずか、十八、九歳で、自分の将来にわたって専門にしたい分野が決まっている方が不自然だ、という冷静な判断が働いているようです。もっとも、早くから医師とか弁護士になりたい、と決めている人は、その専門のコースが充実している大学へ進む場合が多いようです。でも、アメリカの大学はあまり職業訓練のようなことはしないようです。その道の専門家になるためは、さらに修士・博士課程に進むのが一般的で、大学の四年間は、専門の入り口で楽しく基礎を学ぶという感覚です。医師や弁護士も、通常の四年制の大学を終えてから、専門大学院に進みます。医学部という学部自体が、四年制の大学には存在しないのです。

私もアメリカの大学へ入学した際、特定の学部で何を学ぼう、と決めていたわけではありませんでした。なんといっても、文学作品に現われる「生活習慣」を肌で感じたい、ということが第一の目的だったので、それに忠実に従おうとすれば、とにかくアメリカの生活を楽しむこと、友達と遊ぶことが最初にくるわけです。それでも、将来独立して人生を送るためには、今の学びを「職業」に結びつけなくてはいけない、という意識がだんだん芽生えてきました。

将来、何をしようかという自分への質問を考える時、さまざまな体験ができる環境で大学生活を送っていたのは本当に幸運でした。もちろん個人差はあると思いますが、二十歳前後でやっと自分の特性や得意・不得意な分野、職業的な向き不向きが、分かってくるのではないでしょうか。また、私の場合アメリカにいるということで、日本の多くの学生が当然のこととして受け入れてしまう、特定の企業に就職する、すなわち「就社」する、ということが職業選択としてなかったのです。

大学二年の冬学期でした。学生一人ひとりについたアドバイザーといわれる教授との面接や、外国人学生のカウンセラーと話をしていく中で、いま自分が興味を持っているのは何か、そしてそれはどうしてか、ということを徹底的に考えさせられました。私がその当時授業として選択していたのは、コミュニケーション学が主でしたが、英語や教育に関係するものとしては、子どもの本の読み聞かせという授業が印象に強く残っています。その当時仲良くしていたアメリカ人学生と話をしていて、将来の職業についてこんな話をしました。

「……将来何になろう、というはっきりしたイメージがわかない」

「それは私も同じ。だから、いちおう、法律大学院に進むわ」

「分からないのに、また勉強するの？」

「将来何になるか分からないからこそ、法律大学院に進むのは、けっこう、ふつうの感覚だと思う」

「でも、試験は難しいんでしょう？」

「ちょっとね。でも、試験は試験よ。短期間に集中するだけだから」

「……」

日本での司法試験のイメージしかないと、このアメリカの法律大学院の存在自体が理解しがたいかもしれません。もちろん、アメリカだって、法律大学院に入るのはそう簡単なことではないのですが、日本の司法試験の聞きしに優る難しさに比べたら、確かにハードルは低そうでした。また、「検事」や「弁護士」という職業に就くという目的以外に、「有効な資格」として、法律の修士を目指す同世代のアメリカ人の考え方に感心しました。ちなみにアメリカの法律大学院は三年間です。三年間の学生生活のあと、Bar Examination という日本の司法試験にあたるものを受けて法律家になります。

私は彼女にこう聞かれました。

「みねこは、何に興味があるの？　いま、どんなことが楽しいの？」

「私は人と話すのが楽しい。知らない人と知らないことの中に入っていくのが楽しい」

「それじゃあ、もっとコミュニケーションの授業を取るといいわよ」

「でも、それじゃあ就職にはあまり結びつかないような気もしてきたの」

「そうしたら、コミュニケーションの授業と平行して、もっと職業的な専門の授業を足していけばいいじゃない。それで、専攻が創れるわよ」

「自分の専攻を創る？」

「そうよ、Student Designed Major（学生がデザインする専攻）、というプログラムがあるわよ」

この会話で、大袈裟《おおげさ》に言えば、私の「運命」が決まったのです。

2 ＊私がデザインした専攻

友達との偶然の会話で、学生が自由にデザインできる学部や専攻があることを知りました。これは、とてもおもしろい制度です。アメリカの大学でも通常は、経済学部、教育学部、という既存の学部の中から専攻を選んで卒業するのが一般的です。しかし、既存の学部の中に自分の学びたい科目がない場合、多くの学生が転校して別の大学で自分の特性を活かそうとします。あるいは、私がしたように、大学の Student Designed Major という制度を利用します。これは、自分の学びたい学部を複数選び、この教授のこの授業とあの授業、そしてこの学部のこの授業と選んでいき、そこに「理由書」のような論文を提出するというものです。教授会でこれが承認されれば、晴れて自分でデザインした学部を専攻として卒業できるのです。また、学内の三名の教授を自分で選び、アドバイザー委員会を作ってもらうよう依頼し、卒業するまでこのアドバイザー委員会と密に連絡をとるようになります。

私は教育学にとても興味がありました。でも、教育学の学位取得のための説明を読んでみると、当然ですが、アメリカの公立学校での教師を育成するためにカリキュラムが組まれていました。そのとき、日本人の私がアメリカの公立学校で教職に就くのは現実的ではない、と判断してしまいました。その後の私の人生で、アフリカのインターナショナルスクールで働くようになるなど、夢にも思いませんでしたから、教員免許を取得することに興味が湧かなかったのです。後年、リベリアで、エチオピアで、アメリカの教員免許を持っていれば専任講師として雇いたい、と何回も言われ、残念な思いもしました。

さて、教員免許取得には興味がないけれど、教育には興味がある、そして、「英語」という言語を通してつながっていく世界が気に入ってる、という自分の指向をどのように体系づけていくか、という作業はとても楽しいことでした。私の場合、専攻の名前を「二か国語教授方法・Bilingual Pedagogy」としました。本来であれば、大学院レベルで学ぶ専門的な分野です。でも幸い、「アメリカの教員資格取得を目的としない教育学を学びたい」という私の希望は教授たちにも共感を持って受け入れてもらえました。具体的な授業を選ぶ作業は、大学が九月の初めに出す年間を通した授業の案内を参考にします。自分の興味のある学部から授業をひとつひとつ選択していくのです。横断領域として、コミュニケーション、教育、英語の三つの学部から集中的に授業を選びました。そのひとつひとつに自分が選んだ理由をつけ論文にしていきました。

私のアドバイザーになってくださった三名の教授は、二名が教育学の学部から、あとの一名は外国人留学生のアドバイザーをしていたカウンセラーでした。このカウンセラーは、私が最初に英語を学び始めたとき、大学の付属学校で英語教師をしていました。つまり、私のことをとてもよく理解してくれた先生だったのです。そのお陰もあり、私の授業計画はたいへん順調に進みました。Bilingual Pedagogy サブタイトルとして、「外国語としての日本語・英語教授論」という私の専攻に必要な授業として、当然のように、教育心理学や児童心理学を入れました。そして、認められるかどうか心配だったのが、「映画を通しての日本文化」といった文化人類学部の授業や、「野球のコーチ方法」といった体育学部の授業でした。「映画を通しての日本文化」では、毎週一本の日本映画を見て、次の講義でディスカッションをしました。その後、次週の映画までにレポートをひとつ書いて提出するという形態でした。黒澤明よりも小《お》津《づ》安《やす》二郎《じろう》の平坦な画面を賞賛するアメリカ人の教授と意気投合し、日本映画がどのようにアメリカ人の若い世代に理解されているのかをディスカッションを通して実感しました。「サンダカン八番娼館」での自分の歯を全部抜いた田《た》中《なか》絹《きぬ》代《よ》の演技には、ほぼ全員が驚嘆していました。「野球のコーチ方法」では、他の受講者ほとんど全員が野球部の選手で、実地のコーチ方法は免除してもらいました。これも、ケーススタディなどで、「練習」とは何か、子どもたちのための「勝負」とは何か、などを議論して、日本的なスポーツにおける精神論がいかに限界があるか、ということを改めて考え直しました。

　さて、私の専攻の授業で特筆すべきこととは、こういった通常の科目ではなく、三年生の秋学期と冬学期に選択したデンマークへの再留学です。デンマークで学んだことは後述しますが、これも正規の授業ですので、私のプログラムの中のひとつとして認められました。このデンマーク行きは、欧州での英語教育を研究するという目的でした。費用の面でも、通常の学費にわずか二〇〇USドル程度の上乗せをするだけで、デンマークへの旅費も含めてすべての経費がすんでしまうのです。このこともアメリカの大学がいかに学生に「アメリカ」以外の国で見聞を広めさせたいかという方針の現れでした。実は、私の学んだルイス・アンド・クラーク大学は卒業生の約五〇%以上が、このOverseas Program（外国研修）を履修するということが特色でもあります。

そして、私の専攻のもうひとつの特徴は、大学四年の時に組んだ、私もかつてお世話になった大学付属の英語教育機関での教育実習です。実に、九か月にわたって、教育実習をさせてもらいました。この教育実習でも、「ことば」でつながる人間関係の実践は、果てしもなくおもしろいという実感を持ったのです。

3＊ルームメイトが先生

私の英語の勉強が進んで行く過程で、数名のルームメイト達の惜しみない協力を書かないわけにはいきません。実は、彼女たちの協力が、現在英語教育の研究と実践を続ける私にとって、多くの示唆を与えてくれていたのです。

私が学んだルイス・アンド・クラーク大学は、当時年間四学期に分かれていました。それぞれが十週間ずつの単位で、秋ターム、冬ターム、春タームと呼ばれていました。四学期というのは、夏にも授業が行われていたためで、三年間で卒業したい学生などは、この夏タームも授業を取ることで卒業時期を早めることができたのです。でも、通常は夏は自宅へ帰り、秋タームからの授業のためアルバイトなどに励むのが一般的でした。授業の進め方として、一タームにだいたい、週五時間の授業を三つとります。それに加え、週二〜三時間の単位の授業も選択するようになっていました。単位数の少ない授業とは、体育や英文習字などがありました。勉強のみに片寄らないような大学の配慮に感心したものです。留学生はアメリカの滞在ビザの規定で、最低でも週二十時間くらいの授業をとることが求められていたように記憶しています。

この週五時間の主要な授業の単位取得には、おおむね中間・期末の二回の試験と二回の論文提出が義務づけられていました。そして、気が遠くなるような教科書の厚さです。それもひとつの授業で数冊あるのです。これを読みこなさなければ試験なんか絶対分からない、と思いながら夜が朝に変わってしまった経験が幾度となくあります。不思議なもので、そんな夜を何回過ごしたことでしょうか。それでも二年生の終わり頃には、目で追う字が頭にそのまま入ってくるようになっていました。試験は、授業中の内容やディスカッションについての内容の確認のような要素もありましたが、ただの暗記では高得点がとれないような問題が必ず含まれていました。こうした試験は留学生にはやはりハンディがありました。もちろん、辞書の持ち込みは許されていましたし、試験前に教授からていねいな指導を受けることも可能でしたが、アメリカ人の学生のようにはいきません。しかし、なんといっても「論文」を書く事が、私の英語力をきたえてくれたと思います。

前述したように、大学での「論文」は、徹底的に過去にどんな学者がどんなことを言っていて、私が彼らの意見をここに引用するのはここに納得させられたからだということを分かりやすく、論理的に書くことを求められました。もっともこれは、私が文科系であったことも関係していると思います。そして、大学での論文提出の際、厳しく要求されたことのひとつに、様式を整える、ということがあります。正規の学部の一年生になる前のＡＬＩで、クラスのレベルが上がり「論文」を提出する授業が増えるにつれ、この「論文」の書き方の初歩の初歩を叩き込まれました。最初の頃は、鉛筆で書いてある、エラーを書き直してない、論文用紙の左側のスペースの空きが足りない、などの「内容」に関係ない個所で減点されるのが、附《ふ》に落ちませんでした。抗議すると、こんな答えが返ってきました。

「あなたはアメリカ全体をカジュアルな文化と思っているかもしれない。でもそれは違いますよ。カジュアルはフォーマルなものをとおったあとの様式です。ここでは、内容を評価してもらうためのルールを身につけなさい。求められている様式にそって、内容であなたの主張を述べなさい。内容で認められた後、それでもまだなおその様式に違和感があれば、そこから改革を始めなさい」

これは新鮮な驚きでした。それまでの私はどちらかというと「自由なアメリカ」という漠然としたイメージでアメリカ生活全体を捉えていたところも確かにあったのです。それが、そうではない、と諭されました。そして、この先生がこうも言いました。

「せっかく周りをアメリカ人に囲まれているのだから、彼らに積極的に頼りなさい。書いた論文は必ず読んでもらって、チェックしてもらいなさい」

「でも、そうしたら、彼女たちに最初から書いてもらうこともできます」

「あなたはお金をかけて、ここで学んでいるのでしょう。もしも、初めから書いてもらうことをあなたが選ぶなら、それはそれであなたの選択です。ただし、ここは大学ですよ。小学校ではありません。不正が発覚した時点で落第です」

これが、「校正をしてもらいながら英語をさらに深く学ぶ」という私の学習形態の第一歩でした。この時から、私はどんな短いものでも、「書く」という形式のものは、とにかく身近にいるアメリカ人の友人にチェックをお願いしたのです。すると、不思議なもので、自分が最初に草案した「文章」がアメリカ人の友人の手にかかると、おどろくほどシンプルに、そして的確によみがえるのです。これでもか、これでもか、と書いた自信作が、いとも簡単に書き直されていきます。私は、この書き直されたものと、自分の最初の文章を見比べて、徹底的に検証しました。どうしてここで冠詞がいらないのか、いるのかに始まり、文法の疑問点や修辞方法なども、自分の書いたものと友人たちの意見を比較しながら、学び直していったのです。

外国語を学んでいく過程で、どの言語にもどうしても理解しにくい文法上のルールが出てきます。非ヨーロッパ語族出身の日本人は、その中でも、「冠詞」と呼ばれる言葉のグループにてこずります。「冠詞」とは名詞の前につく帽子のようなものです。そして、日本語にはこの「冠詞」と呼ばれる言葉のグループがないのです。「冠詞」は、「母語」として身につけないとなかなか使いこなせない言葉のルールの代表選手です。

例をあげましょう。英語では、例えば「犬」という動物のことを表現するときに、それが一匹の犬なのか、二匹なのか、またはある特定の犬を指すのかどうなのか、といった「情報」を、「犬」の前につける言葉「冠詞」を変化させることによって、その種類を区別します。これは、文法上のルールです。これをよく理解して使いこなさないと、例えばこんな怖い間違いも起きてしまいます。次の例文を読んでみてください。それぞれの意味を理解できますか？

I like dogs. (私は犬が好き)
I like my dog. (私は私の犬が好き)
I like the dog. (私はその犬が好き)
I like the dogs. (私はその犬たちが好き)
I like a dog. (私は犬が食べたい)

この中で、最後の ***"I like a dog."*** は、一般的には存在しにくい文章です。なぜなら、特定できない、つまりある一匹の犬というものを好むということは、例えば、ピザを一切れ食べたいと願うことと同じことになってしまうのです。この文型にはくれぐれも注意が必要です。中学の先生方にこの話をすると、必ず何人かはうなだれて、今までこの違いを明確に教えてこなかった、とおっしゃる方がいます。

ただ、このやっかいな「冠詞」にも逃げ道があります。いくら文法書を読んでも理解できなかったら、とにかくsomeとかanyを適当に名詞の前につけることで、その場をしのぐことです。会話の場がふえてくることで、この冠詞のニュアンスもだんだんと使い分けができるようになります、また冠詞は、たとえ間違って使っても、多少耳障《みみざわ》りが悪いことくらいに過ぎません。あまりに不自然な場合は、相手から確認されるので、その時に伝えたい中身を言い直せばいいのです。

さて、この延々とした文章チェックの作業は、私のルームメイトたちがしてくれました。本当にいやな顔ひとつせず、ていねいに、意味不明のところは私に真意を確かめながら、つき合ってくれました。こういった論文には締め切りが重なります。彼女たちだって同じように忙しかったはずなのに、深夜でも早朝でも、「締め切りはいつ?」と確認して、自分の勉強の合間に手伝ってくれました。いま、中年になった私は、この二十歳そこそこの友人たちの深い愛情に驚愕《きょうがく》の念を禁じ得ません。どうしてあんなに親切にしてくれたのでしょうか。私は、真剣に赤ペンを入れてくれている友人たちの周りで、ありがたさと申し訳なさを何とか示そうと、コーヒーや紅茶をいれてウロチョロウロチョロしていました。

この「手直し」という作業で、もうすでに書いた人間の勉強としての範囲を超えているのではないか、という議論もあるようです。ただ少なくとも、私を育ててくれた先生方には確固とした信念があったようです。つまり、彼らは「成果」のみを求めていたのではないのです。「論文」を書く、という勉強の周辺にあるさまざまな過程を経ることこそが真の「学び」である、という考えです。二十年近くを経た現在、その種まきの確かさを実感します。そして、この「自分の書いたものを手直ししてもらい、そこから学ぶ」という形が、現在の私の仕事にも役立っています。成人の英語学習者、特に「論文」を書く必要がある人を対象にしたセミナーを毎年開催していますが、そこで、参加者が書いてきた「論文」を新しく学んだ知識や情報を加味して書き直していく、というレッスンを行い確実な成果を出しています。過去の体験や経験が現在の自分の職業に直接結びついている、と思えるような幸福をつくづく感じるのです。

4 ＊ 教育実習は九か月

私の教育実習は、ひとりのアメリカ人教師に専属で張りつく形で始まりました。その教師とは、ミス・ジーン・ジョンストン（Ms.Jean Johnston）。彼女は、非常に優秀で、さらにどこか普通の教師像から一歩も二歩も進んでいる女性でした。彼女が私の担当になった理由として、彼女が前年に教科書を一冊出版していて、それがとても評判を呼んでいたことがあったようです。大学の付属英語学校でも、卒業生が教育実習にくる、ということをとても好意的に受け止めてくれていたようで、せっかくだから全米でも高い評価を受けているジーンと一緒に彼女の教授法を学んでもらおう、と考えてくれたようです。

教育実習の期間も長期にわたり九か月です。つまり、四年生の一年間、秋・冬・春タームすべてを充てることにしました。授業はこの他にはドイツ語、バトミントンやスキーといった体育を取って、気分転換です。ただ、春タームには、ＴＥＳＯＬと呼ばれる英語教育学会の国際会議に奨学生として出ることが決まっていたので、教育実習の他は論文を書くということにしました。

さて、私が師事したジーンの経歴を紹介しましょう。そもそも彼女がアメリカ以外の文化と遭遇したのは戦時下のベトナムです。国防省のプレス関係の仕事に従事していたそうです。そこで彼女が見たものは、多くの罪のない一般人が、戦争によって毎日の暮らしを破壊される不条理でした。彼女は、帰国後、華々しいキャリアが約束されていた国防省を辞めて、英語を外国語として教える専門家になるべく大学院に入学しました。その大学院には、アメリカの国軍としてベトナム駐留中にジーンと出会った、彼女の夫マイケルも同時に入学したそうです。プレスの人間と軍属の人間が恋に落ちたのはなかなか大変だったそうですが、二人で華々しい経歴をパッと捨ててしまったようです。

教師としてのジーンは不思議な先生でした。彼女の書いた教科書も、いわゆるその頃全盛だった、正しい発音を聞いて、繰り返す、といった形式ではなかったのです。どのチャプターでも新しい文法を紹介する時や、その理解をうながすために音楽を用いる時でも、必ず「あなたの場合は?」、「あなたはどう考えますか?」という問いかけがあるのです。これは、その頃の私にとってとても新鮮でした。なぜなら、アメリカで英語を学ぶということは、「英語」を母語として話す人びとの中に紛れて、まだ不完全な英語を話す自分を意識せざるを得ないのです。母語として英語を話す人のようにスムーズに自分を表現できないことで、自分が一段低い位置にいるような感覚に陥るのです。もちろん、私のように、「日本から来た留学生」ということを逆手にとって、どんどん、自己主張していけばなんということはないのですが、そんな私でさえ、英語が不完全な私の思っていることや、感じたことなどを普通のアメリカ人が「知りたい」、「聞きたい」と思ってくれるとは、なかなか想像できなかったのです。

それが、ジーンの教科書では、生徒自身がこの話題についてどう考えるか、どう思うのかが表現できるような仕掛けが、随所に盛りこまれているのです。現在の私が心の支えとしている、「学びの場への全人格の反映」という理念は、この教科書から触発されたのです。いま私は、国際理解教育をベースとした英語教材を作っていますが、英語を学ぶうえで、教科書や教材がいかに重要な役割をもつかを、このとき認識しました。その教科書は、The Stepping Stones（旧 Addison Wesley 出版局発行）です。残念ながらいまは絶版となってしまいましたが、英語を外国語として教える分野の当時の大御所であった、アール・スティービック博士も絶賛したほどの優れた教科書でした。

ジーンの授業は不思議でした。教科書のチャプターにそって、授業は進んではいるのですが、各国から集まった生徒たちがいつの間にか、討論を始めてしまうのです。日頃、自分の意見などあまり聞いてもらえない経験をしている生徒たちにとって、ひじょうに刺激的だったのでしょう。それに、教科書を進めるためには、自分の意見や感想を言わなければいけないような構成になっているのです。また、私が英語を学びはじめた頃から比べると、わずか三〜四年で、付属英語学校の韓国や日本の留学生の様子もだいぶ変わり、活発に意見を述べるような雰囲気になっていました。

私の最初の教育実習は、ジーンの授業をじっくり見学し、詳細なメモを取ることでした。その後、彼女の教案（もともとの授業の計画書案）を見せてもらい、私のメモと突き合わせます。そして、どの活動がどの部分の教案と合致するのかなどを検証しました。一見脱線しているかのように見えた彼女の授業が、実は生徒の自己尊重感を育てる目的があったことなどを知り、びっくりしました。

ジーンは実に魅力的な先生でした。どこが優れているかと聞かれれば、それは何と言っても彼女の持つ自然な包容力でしょう。生徒との関係で、彼らを否定することがないのです。何を聞いても何を言っても、ジーンなら理解してくれる、分かってくれる、という安心感を生徒に与えていました。つまり、私は彼女と生徒たちとのつきあいを通して、英語を通して伝える「何か」を大切にしなさい、と教えられたようです。

ジーンの容貌は一見ヒッピーです。化粧っけはいっさいなし。丸メガネはいつもずり落ちていて、ラオスやインド系の木綿のワンピースが大好きでした。真冬でもサンダルをはいていました。

今、二十年以上の歳月が流れて、音信が途絶えてしまった彼女のことを思い出す時、私の脳裏に真っ先に浮かんでくる光景があります。それは、しとしと雨が降り続く日曜日の午後です。私は、ジーンとマイケルに連れられて、ラオスの難民の人たちが集っていたうす暗い体育館の中にいました。ラオスの旧正月のお祭りだったと記憶しています。フロアいっぱいに広がるラオスの伝統的なゆるやかな踊りの輪に見ほれていた私は、隣に座っているジーンが涙を流しているのに気がつきました。驚いた私に彼女はこう言いました。

「……このダンスはね、月夜のきれいな晩に、村人たちがおしゃれをして、ラオスのやさしい風に吹かれながら踊るのがほんとうなの。こんな暗い体育館の中じゃなくて……」

ジーンが伝えたかったのは、多くのアメリカ人が難民の人たちのことを分かっていない、ということだったようです。その頃はアジア系の難民が爆発的に増えている時期でした。税金の無駄使いだ、という論調がメディアでも支配的だったことに、彼女はかなり憤っていました。難民の人はみんな理由があってここにいる、誰があんな美しい故郷を捨てたいものか、ということをジーンは訴えていました。

一九八一年から二年にかけてのことです。ベトナム戦争が終結してからわずか六年しかたっていない時代のアメリカでした。そして私の同級生のアメリカ人たちは一九七五年にベトナム戦争が終わった、ということさえ知らない人がほとんどだったのです。卒業するために必修だったアメリカの近代史の授業で、ベトナム戦争が終わった年を知っていたのは、三十名ちかくの学生の中で、ソマリア人の留学生一人、アメリカ人がわずか二人、そして私の四名でした。イラン人の歴史の教授が、静かにそして悲しそうに「これは問題ですよ」と本を教壇のテーブルの上に置きました。

かなりショックを受けて、学生寮に戻った私は、他の学生にも「ベトナム戦争のイメージ」を聞いてみました。すると、一人のモンタナ州出身の女性が、

「ベトナム戦争と聞いて覚えているのは、毎朝、何人の共産主義者の死体をカウントできたか、という報告をラジオが伝えていたことよ」

べ平連の活動に共感していた私には、声さえ出ないアメリカの一つの横顔でした。

5＊日本語でリラックス！

私が留学した最初の頃、日本人留学生の中に必要以上に日本人同士の接触を避け、がちがちの生活を自分に強いていた人がいました。結局、その人は精神的に追い込まれて日本へ帰国しなければならなかったことを痛々しく思い出します。もちろん、昨今の留学生が本筋の勉強はそっちのけで、高級車を乗り回し、日本人学生との交流だけに明け暮れている、といった事実も承知しています。留学資金を出している親の立場にたってみればとんでもないことです。

しかし、その「居心地のよさ」、禁断の果実の味を私はよく知っています。異文化の中で奮闘していると、同郷の人間に対する安心感や、すべて説明しなくても理解してくれる人間関係は甘美なものです。ここで日本人のぬるま湯にどっぷり浸かってしまう若い学生を非難するのはたやすいことです。でも、もしも、彼らが日本の現状に何らかの形で傷ついていて、それを癒《いや》すことがアメリカにいる日本人仲間とできているなら、それはそれでいいんだ、とも考えます。甘い、という叱責の声を聞きながらの意見です。日本にいる学生だって同じようなものではないでしょうか。お金をかけたから成果が上がって当然、というのもそれこそ「甘い」気がするのです。

さて、この人間関係における「安心感」を活かした語学学習方法があります。これは、私がジーンと教育実習を進める中で、彼女が私に示した一冊のやたら読みにくい学術書に紹介されていました。この本の著者は、チャールズ・カーラン博士と言い、シカゴのラヨラ大学の精神分析医、かつ神父、かつ言語学者だったというたいへんな人です。彼はこの三つのどの分野にも秀でている学者なのですが、中でも「言語教育」が彼の晩年の最重要テーマだったようです。

このカーラン博士があみ出した教授法とは、「カウンセリング・ラーニング」と呼ばれるものです。彼は優れた精神分析医でしたが、カウンセリングが成功する際の患者とカウンセラーとの良好な関係を「語学学習」に活かすことができないだろうか、と考えたそうです。つまり、リラックスした人間関係はどんな「学び」にも必要だという認識です。難解な彼の文章に四苦八苦しながらも、根底に流れている「学習者の持っている、情報、人間性、学ぶ目的に謙虚になる」という考えにしだいに引きつけられていきました。

彼のこの考えは、それまで主流だった外国語学習に対する大胆な挑戦でした。一九七〇年代の外国語教育は、オーディオリンガルと呼ばれる、先生やテープレコーダーの「正しい発音」を繰り返し聞くことによって、自分の外国語の上達を目指すというものでした。カーラン博士はそれを否定しました。与えられたフレーズを繰り返すだけでは、真の意味での外国語学習にはならない、と主張しました。人間が「言語」を学ぶためには、その学びのプロセス自体に学習者の全人格を反映させなくてはならない。そのためには、外国語学習の初期には、その学習者自身の母国語をどんどん授業中に使わせる方式を提案したのです。

具体的には、五〜六名の学習者がひとつの輪になります。学習者の母国語を理解できる講師が、学習者の後ろにそっと寄り添います。そして、学習者は、話したいことを順番に母国語で講師に伝えます。すると、講師が学習者の言いたい「ことば」をその時学びたい言葉が英語ならば英語に、スペイン語ならばスペイン語に直して伝えます。学習者は繰り返し練習したあと、その「ことば」を録音します。すると、学習者の年齢や興味にそった「英語の会話」や「スペイン語の会話」がその場でできあがるのです。学習者は各々そのテープを持ち帰り練習して次回の授業に備えます。こうすることによって、「この場合どう言うのだろう」という疑問がそのまま授業で解決します。カーラン博士が何よりも強調したのは、その会話をする講師をも含んだ仲間内での精神的なつながりや「安心感」です。人は「安心感」を感じられたときに、もっとも学びを素直に受け入れられる、という考えです。

これは画期的な学習方法です。ところが、学習者の母国語が複数の場合、複数の言語が扱える講師か、そのひとつひとつの言語が分かる複数名の講師が必要になります。実は、これがカウンセリング・ラーニングを実施するにあたって最大のネックです。そこまで複数言語を扱える講師の確保が困難ですし、一つのクラスに複数名の講師を当てるのは経費がかかり過ぎるのです。

ジーンは、クラスに必ず四〜五名いるようになった日本人学生と私で、このカウンセリング・ラーニングを実験したい、と言いました。私も興奮しながら大賛成しました。でも、アメリカに英語を習いに来ている！　という意識が強い当の日本人学生から反対されては残念です。そこで、うるさそうな数名の若い学生たちを私の料理した日本食で懐柔し、いよいよ本番の授業となりました。事前に授業の説明をていねいにしました。この授業では、皆さんの「言いたいこと」を私に日本語で伝えて欲しいと言いました。すると、一人の若い学生がこう言いました。

「どうして日本語なのですか？　英語で考えろっていつも言われています」

「今日は、カウンセリング・ラーニングと言って、言いたいことをまず日本語で表してもらってから英語を学ぶ、という新しい教授法を皆さんと試してみたいのです」

「……本当に日本語でいいんですか？　ぼく聞きたいことたくさんあります」

日々、英語だけの世界で奮闘していた若い学生たちが、「じつは、日本語のこのニュアンスをどうしたら英語にできるのか、いつも疑問に感じてました」と目を輝かせたのです。

アメリカの大学で学んでいる場合は、この方法が毎回必要ではなさそうでした。でも、この授業のあとも、折りにふれキャンパスで私に質問してきてくれた学生もいて、安心して勉強できるということの大切さを感じました。英語を学ぶ過程で、がんじがらめに「英語オンリー！」となるだけではなく、学生たちが、それぞれの母語である日本語やアラビア語や中国語でリラックスすることがどんなに気分を楽にするか、検証できた授業でした。そして、このカウンセリング・ラーニングは、現在日本人向けに私なりの改良を加え、吉村式カウンセリング英会話として、大人の会話のクラスで好評を得ています。

6＊ホストファミリーを替えます！

私がよほど暗い顔をしていたのでしょう。当時、留学生の担当のセクションの責任者だったミセス・ダイアモンドが私をキャンパスで見つけ、彼女のオフィスに来るように言いました。留学一年目の秋タームのことでした。私が何に悩んでいたかというと、ホストファミリーのことでした。いつもは学生寮にいましたが、夏にポートランドに着いて以来、何回か週末に家に呼ばれ、けっこう頻繁《ひんぱん》に五歳と二歳の子どもの世話をさせられることが続いたのです。お父さんとお母さんは友人と連れだって競馬ならぬ、競犬（ドッグレース）に出かけます。今思えば二～三回続いたくらいでしょう。でも、その頃の私は、自分の存在が彼らの中で、ベビーシッター代わりなのでは？　と思い悩んでしまったのです。

いっしょに来ている友人のホストファミリー宅では、そんな様子ではなかったのも私の気持ちに拍車をかけました。でも、ミセス・ダイアモンドに告げ口するのもいやだなぁ、という感覚もありました。自分がちょっと我慢すればいいか、とも思っていました。ところが、ミセス・ダイアモンドはどこからともなくそのことを聞いていたのでしょう。

「何か心配なことがあるのではないですか？」

私は、ややためらいながらもホストファミリーへの疑問を打ち明けました。すると、熱心に私の話を聞いていた彼女は、週末に家に呼ばれてベビーシッターをさせられると聞いたとたん、すっくと立ち上がりこう言いました。

「みねこ、今日からあなたのホストファミリーを替えます。もうあの家族に会う必要はありませんよ」

あまりに素早い彼女の反応に私はびっくりしてしまいました。だって、私のホストファミリーの人たちも会っている時は、とても親切な人たちです。彼女たちに「断り」の電話でも入れるのだろうか、と青くなりました。すると、彼女は私の手をにぎりこう言いました。

「心配しないで。私たちは、あなたに心配の種を与えるようなことはしませんよ。でもね、外国人留学生をベビーシッターとして使うのは間違っています。ホストファミリーはボランティアの人たちです。でも、して良いことと悪いことは区別してもらいます」

結局、日本からいっしょに来た私の友人のホストファミリーが、私たち二人を引き受けてくれることになりました。この家族が、現在に至る二十年来のつき合いとなったネイスさん一家です。特に、お母さんのベバリーと私はウマが合い、アメリカ家庭のさまざまな習慣、行事の仕切り方、おいしい、しかもあまり時間をかけない合理的な料理のバラエティなど、本当に多くのことを教えてもらいました。また彼女は、私と私の友人の留学初期の頃の「英語」の一番の理解者でもありました。他の人が分からなくても、ベバリーには私たちが何を伝えようとしているのかが分かるのです。結局、いま、語学教育の専門家として考えると、彼女には「聞こう」という姿勢があり、一片の手がかりから物事を推測する想像力に長《た》けていたのでしょう。それに、彼女から、「できない、わからない」という言葉を未だかつて聞いたことがありません。本人は四十代前半で乳がんを患ったり、五〇〇キロ離れた街とポートランドを仕事で行き来する夫に代わって、三人のティーンエイジャーの子育ての真最中でした。普通だったら縁もゆかりもない外国人留学生の世話など、ボランティアで買って出る状況ではなかったと思います。

私はこのネイスさん一家に本当に大切にされました。普段は学内にある寮での生活ですが、長い週末や学期と学期の間の休暇など、簡単に国へ帰れない留学生にとって、その勉強の空白期間をどう過ごすかが問題になります。私は、ネイスさん一家のおかげで、ただの一度も行くところがない、という状況になりませんでした。これは、場所的に行くところがある、と言うことだけではないのです。ネイスさんの家族の中に、私が帰っていく場所が用意されていたのです。

お母さんのベバリーやお父さんのジョージ、そして私のアメリカの兄弟ブラッドとスティーブ、妹のブリンダ。私も彼らのために何とか役に立ちたい、と思ったものです。特に、この一番下の娘ブリンダには特別な思いがあります。私が初めて彼女に会ったのは彼女がまだ小学生の頃でした。難しい年頃でしたし、もともとの性格が物静かなため、少々とっつきにくかったのも事実です。でも、大学に行っている私たちに「英語」を教える、ということは彼女にとって楽しかったようです。幼い彼女が実は一番容赦《ようしゃ》のない先生でした。その頃、彼女が何回も何回も指摘してくれた間違いがありました。私は「ここが痛い」という表現を ***"It is hurt."*** と言っていたのです。間違いです。これは、hurtの部分が動詞ですので、***It hurts.*** としなければいけないのです。実はこの程度の間違いは、大人であれば聞いて理解してしまうので、あえて「間違いだ！」となかなか指摘してくれません。しかし、ブリンダは容赦なく、話の途中でもそこを覚えていて、あとできっちり「また間違えていた」と注意してくれました。話の途中に割り込む、ということはありませんでしたが、少々煩《わずらわし》く思う時もありました。ただ、ブリンダのこの鋭い指摘も私の英語の勉強には非常に役に立っていたのです。

あまり、感情を表さない彼女が、高校の卒業時に書いた作文をわざわざ私に見せに来てくれました。その頃には、私の方が彼女の作文を手伝うようになっていたのです。その作文の中には、彼女の私に対する気持ちが書かれていました。

「……初めは英語も分からない人が家にいるのがいやだった。でも、お砂糖をかけないご飯の食べ方、お箸の使い方、いろいろな新しい生活が私の身近の普通の風景になってきた。それに、一番心に強く思うのは、自分たちのやり方が一番正しいと思うことはいけない、ということを教えてもらった気がする」

第3章

「ことば」の深さとおもしろさ

デンマークの小学校の子どもたちと

1 * デンマークへ行ってきます

ルイス・アンド・クラーク大学は、前にも述べたように全米でも海外留学制度を早くから取り入れていて、その卒業生の五割以上がこの海外留学プログラムを経験していることでも有名です。私が参加した一九八〇年のデンマークプログラムは、教授のリーダーを設けず、現地の教育団体にその手配を委ねた特殊な形のものでした。

そもそも、このデンマーク行きも、「なにがなんでもデンマーク！」というわけではありませんでした。自分の専攻を自分で創ろうと決めた段階で、どうせならこの留学制度を利用して、別の国の英語教育の実態を見てみようという程度でした。特定の「場所」に行きたい、という動機が最初ではありませんでしたので、私の三年生の秋タームと冬タームに計画されているものであれば目的地はどこでもよかったのです。その時期の他のプログラムとしては、ケニア、ニュージーランド、日本などがあったように記憶しています。私は、単純に欧州に行きたいと考えました。欧州からの留学生も何名か知っていて、彼らの英語とのつき合いがとてもスムーズで、どうやって学校で英語を習ってきたのだろうと不思議に思っていたのです。

ただし、この海外留学プログラムには、校内選抜がありました。そんなに大げさな選考試験ではないのですが、海外生活に必要な適応性や順応性、またグループで移動する場合があるので、協調性といった資質を主に調べていたようです。私の場合は、日本からの留学生ですので、これらの資質に関しては問題なしでした。でも、三十五名の募集に七十名くらいが説明会に来ていましたので、ちょっと心配にもなりました。なぜなら、四月生まれの私は、プログラムの実施期間中に二十二歳になり、学生対象の格安の航空運賃などの恩恵を受ける年齢制限を超えてしまうのです。普通ならばこれだけで選考から外される可能性は大きかった、とあとで知りました。

ところが、この海外留学プログラムでも、私のことを熱心に支援してくれる人がいたのです。その頃、大学職員として働いていたエイミー・マーシャルという女性です。彼女と私は、彼女が日本に二年間留学していたことから、かなり親しくなっていました。本来ならばこういう個人的なつながりを学校の正規のプログラムの決定に反映させるべきではないのかもしれません。しかし、彼女は、プログラムの責任者に、私がこのプログラムへ参加することで、他の学生へのいい刺激にもなるし、プログラム全体にいい影響を必ず及ぼす学生だ、と推薦してくれたようです。個人的なつながりをもとに、仕事に関係のある発言をしてもいいのか、とかえって心配してしまった私に彼女はこう言いました。

「仕事をとおして私たちは何を実現したいのかしら。たとえ個人的な情報だとしても、それが大きな意味で価値があると判断したとき、その情報は仕事に活かすべきだと思う。私は本当にあなたがデンマークに行くことは価値があると思うからそうするだけよ」

そうか、仕事とはこういうものか、ということを感動しながら彼女の言葉を聞いていました。このあとヨーロッパやアフリカで生活した際にも、さまざまな場面で、「職域」という境界線を意識せざるを得ませんでした。決められた境界線を一歩超えることができる人、できない人の「差」がどんな社会にもあるのです。杓子定規《しゃくしじょうぎ》に規則に従い変更を許さないという態度。その反対に、状況に応じて「例外」を、認めていくという心構え。自分の仕事や人生の枠を積極的に広げる人は、このもう「一歩」を自分の責任で超えられる人のようです。エイミーもＡＬＩのマリオンも、自分の判断で、あと「一歩」を踏み出す人でした。

結局、私はデンマーク行きの三十五名の中に入ることができました。このプログラムは、通常の学費に二百ドルほど上乗せするだけで、旅費も食費もいっさいまかなえるたいへん魅力的なものでした。その頃、一年間（三ターム）の学費が食費も含めて六千ドルくらいでしたので、二学期間を使うこのプログラムに四千二百ドルくらいかかりました。私は学校から、年間四千ドルの奨学金をもらっていましたので、実際に負担したのは、約千五百ドルでした。いまでは考えられないことですが、この時期のアメリカのリベラルアート系の大学では、親の収入に応じて外国人留学生にも奨学金を出してくれていました。これは返済義務のまったくない、そして資格基準もゆるやかなものでした。成績も4段階評価で平均点3以上確保すればよかったのです。私は、ＡＬＩを終えた段階から卒業までの四年間、授業料の八割をこの奨学金で支払うことができました。

「デンマークへ行ってきます！」と言ったら、喜んだのはホストファミリーのジョージ父さんです。彼は、両親がスウェーデンからの移民でした。でも、その頃のアメリカの移民の家族は一日も早く「アメリカ人」になることが目的だったので、母国スウェーデンの言葉や文化のことを子どもたちに教育するのを避けていました。ジョージにとってのスウェーデンは、自分の「ルーツ」に違いないのにどこか遠い、そして気になる存在だったようです。ちょうど私たちがネイス家に来た一年前に家族でヨーロッパ旅行をして、祖国の親戚とも親交が始まったばかりでした。

「そうか、そうか、デンマークに行くのか。しっかり私のルーツを見てきなさい」と言っていました。

その時、ブリンダがデンマークとスウェーデンは別の国だ！　とさっそく異議を申し立てていました。

2＊デンマークの学校

一九八〇年九月、コペンハーゲンに到着すると、そこはもう晩秋の趣《おもむき》でした。憧れの北欧、童話の国、ロマンチックなイメージを抱いていたのですが、コペンハーゲンの街は犬のフンだらけ。なんでも、その頃のデンマークは国の借金が莫大になってしまい、街の掃除をする人件費が大幅に削減されていたそうです。フンを踏まないで歩くようになるには、けっこう時間がかかりました。

デンマークでの私の研究テーマは、どのように英語が教えられているかを実地で見学することでした。私たち三十五名をコーディネイトしてくれたのは、Experiment in International Living という団体のデンマーク事務所です。日本にも支部があります。この団体は、アメリカのバーモント州に本部があるアメリカの民間教育団体で、個人旅行者が現地の一般家庭に滞在する、いわゆるホームステイという形態を一番最初に始めた組織です。このデンマーク事務所の代表が、イダ・パルーデンさんでした。私は彼女からも多くのことを学びました。彼女は厳しかった。アメリカ人学生はとても素直でしたが、素直過ぎて彼女に叱られていました。きついことを言うくせに、そのままうなずくと怒るのです。ある意味では、とんでもなく扱いにくいおばあさんでした。ただ、その教養の深さ、堂々たる態度には威厳と愛情があり、つい「この人についていれば大丈夫」という気になってしまうのです。これも「安心感」でした。

デンマークについてから最初の二か月間は、グループ全員がデンマーク語でホイスクーラと呼ばれる全寮制の学校へ入り、デンマーク語とデンマークの文化を学ぶ研修に入りました。ホイスクーラは、デンマークの教育学者グルントウィーが、一八三〇年代に冬の農閑期に若い農夫を集めて教育を始めた歴史を持ちます。現在でもさまざまなホイスクーラがデンマーク中に点在しており、日本からの留学生も多いと聞きます。全寮制のコミュニティカレッジといった趣です。ホイスクーラでは外国語や工芸、陶芸などが多く履修されています。おいしい食事と快適な住空間が準備されていました。ただ、私が学んだ頃のホイスクーラは、元麻薬患者の社会復帰のための支援や若年層の失業者を受け入れる役割があったようです。社会に不満を持ちながら、こうやって、社会が用意する組織で暮らしていくのはどんな気分？　などと、同世代のデンマーク人、アメリカ人と深夜まで話しました。デンマーク人とアメリカ人が極端に違う意見を言い合う時、必ず私に向かい、双方がこう言います。

「日本人は、私たちの感覚に近いよね」

思わず、絶句してしまいそうになりますが、その頃の私は気合が入っていましたから、懸命に「日本人としてではなく、私はこう思う」ということを伝えていました。その答えによっては「なぁ〜んだ」のような反応を返されて、けっこう、いきり立ったりしました。今にして思えば、この経験が私にとっての、「異文化を超えた普遍性」への入り口だったのかも知れません。

さて、快適なグループでの研修期間も終わり、それぞれがそれぞれの研究テーマのため、デンマーク各地へ飛び出しました。自分のルーツをたどる社会学の学生、政治家の事務所でインターンをする学生、いろいろでした。私は、デンマークの英語事情の研修です。当然、もう訪れる学校がイダの事務所で用意されていると思いきや、彼女から分厚い電話帳を渡されました。ここで、学校の名前を調べて電話し、状況を説明しアポイントメントを取れ、と言うのです。思わず、「えっ、自分で?」と言ってしまうと、彼女がジロリと一瞥《いちべつ》しました。

いくらデンマークの学校と言ったって、英語がすべてに通用するのかなぁ、と思いながらダイヤルを回しました。すると、電話のマナーが悪い、と隣の部屋で聞いていたイダが怒ります。デンマークでは、電話のルールとして、まず挨拶の前に自分を名乗れといいます。怒鳴る前に言ってくれればいいのに、と半分べそをかきながらうなずきました。でも今考えると、事前に、こうやるんだよ、ああしなさい、と言われても実行できないことは多いものです。イダのように、まず実行させてから、小言を言うのは心底教訓になりました。恐いけれどこの人は私の味方だ、という「安心感」が私をどんなに救ってくれたことでしょう。

さて、私の電話アポイントメント成功率はけっこうなものでした。見学そのものを断られたことは一校くらいでした。コペンハーゲン市内の高校の独身の先生のお宅にホームステイさせていただきながら学校めぐりをしました。この高校の先生はリーナ・ランスガードさん。魅力的な女性で、彼女の学校ももちろん、何回か見学させてもらいました。ただ、見学して数時間のインタビューでは表面的なものしか見えてこない、という焦燥感も感じはじめていました。

コペンハーゲンから列車で一時間ほど西にある、バリキルダという街の小学校へ見学に行った時のことです。四年生担任の先生が私にこう言いました。

「見学は自由だけれど、一時間私の授業を見ても何も分からないと思います」

「はい、それは私も感じていました。どうすればいいでしょうか?」

「あなたこれから一か月、デンマークのいろいろな学校を見て歩くって言ってたわね。それをやめて、一か月、私の家にいらっしゃい。一か月間、私のクラスを実際教えてみなさい。あなたの好きなようにしていいわ」

「うわー、嬉しい! ぜひそうさせてください」

その足で彼女は校長先生に事情を話し、快諾をとってくれました。彼女の提案そのものも大胆でしたが、私も何の疑いもなく即決です。躊躇《ちゅうちょ》はひとかけらもありませんでした。この先生の名前はリズベット・フレドリクセンさん。彼女の夫ステファンも同じ学校の教員でした。次の週末、さっそく、コペンハーゲンから荷物をまとめて、彼女たちの家の居候《いそうろう》になりました。

3＊ブタとアールグレイ

リズベットとステファンは、結婚十年目くらいのカップルでした。自分たちの子どもに恵まれず、二人の子どもを養子として育てていました。その二人の子どもたちは、家庭的に恵まれない環境に育ち、リズベットとステファンの家庭に引き取られました。男の子のクラウスは、三歳まで赤ちゃん用のベッドで寝かされていたようで軽い知的障害も残っていました。女の子のリスは、デンマークの北の北極海に近い、フェロー諸島というところの出身で、トナカイの産毛《うぶげ》のような金髪と透き通るような肌をしたガラス細工のような少女でした。リスの母親はシングルマザーでアルコール依存症がなかなか治らずリスを手放さなくてはならなかったようです。

リズベットとステファンは、教師という職業からくるデンマークの解放された感覚が身についていました。と同時に、バリキルダは農村です。この地方の古い習慣も大切にしていました。例えば、彼らのものすごい近代的な台所に、ブタの死体が一匹ごろん、と横たわっていた時がありました。大きさは一メートルくらいあったでしょうか。私はうろたえました。

「……こ、このブタ、どうするの？」

「食べるのよ」

そりゃそうでしょう。もちろんスーパーマーケットもあるのですが、彼らはブタはまるまる一匹を買い、自分たちで解体し、それぞれ適当な形に切り分けて、保存するのが絶対経済的だと言います。この地方では昔からそうしてきたとも言います。そして、彼らのその解体作業の鮮やかなこと。それこそ尻尾から内臓まで無駄にしません。デンマーク人が大好きなレバーペーストだって、このブタからの手作りです。さらに仰天《ぎょうてん》したのは、彼らが狩猟用に飼っている犬や猫(猫は狩猟にはいきません)が、おこぼれの尻尾の先っちょや目玉、鼻の頭を大興奮で狙っているのです。ドッグフードや乾燥ササミを喜ぶアメリカや日本のペットとちょっと違います。これは犬猫を含めて食文化が違うぞー、とゾクゾクしました。生活に手をかける、しかしお金はかけない、というこの若い夫妻の毎日は刺激にあふれていました。


毎日の家事は完璧な分担制でした。週末は私が食事当番を申し出ました。私はどちらかというとスパイスがピリピリときいている料理が好きなのですが、子どもたち二人にはものすごく不評でした。リスは私がほんのちょっぴり入れた胡椒《こしょう》さえ、ソースの中から嗅《か》ぎ当て、涙を流しながら「食べられない」と訴えるのです。初めのうち、使える調味料は塩とケチャップだけ！　という状態でしたが、私が帰る頃にはお醤油《しょうゆ》はこの家族の棚に並べてもらえるようになりました。私がこの一家に居候《いそうろう》したのは冬でしたので、日中の時間が三～四時間しかないのです。暖炉を囲みながら長い冬の夜を過ごしました。それでも毎晩の話の輪は楽しかったです。

冬の間、学校は当然暗いうちから始まります。北欧の冬は日の出が午前十時過ぎで、十一時頃になるとようやく完全に夜が明けますが、午後も二時くらいになるとうっすらと夕闇が広がりはじめ、三時半には真っ暗になりました。リズベットたちが勤務する学校は朝八時から始まります。暗い時間が長いせいでしょうか、朝十時三十分には持参した軽い「お昼」を食べます。ほとんどが黒パンの上に具を乗せた北欧式のオープンサンドイッチです。学校の授業は午後二時にはすべて終わります。すると、午後三時頃、帰宅したみんなで暖かい夕ご飯を食べます。これが一日のメインの食事です。このあと、遊んだり買い物に行ったりし、それぞれが別行動です。夜は、暖炉を囲んで話をしたり、編み物をしたり、チャンネルが一つしかないテレビを見たりしますが、午後七時過ぎに四回目の食事が出てきます。これは自家製のおいしいパンとチーズやハム、そして必ず、アールグレイの紅茶です。リズベットが、「は～ぁ、やっぱり、いろいろなお茶を試しても、最終的にはこれに帰るわね！」と言っていたのを聞き、これは日本の煎茶《せんちゃ》のようなものだと思いました。そのとおりで訪れた多くの家庭で、アールグレイの紅茶が日本の煎茶のように頻繁に飲まれていました。しかし、一日四食です。体重が増えるなぁ、と心配していましたが、あまりのおいしさに自制心はもちろん吹き飛んでいました。また、お風呂にはめったに入らず、シャワーを二日に一回浴びるだけです。寒いし、空気は透き通るようにきれいだし、埃《ほこり》っぽい日本とはずいぶん違いました。

リズベットのクラスは四年生、二十四名でした。彼女は、他のクラスの英語の先生もしていましたが、基本的にはこのクラスの担任です。まず、最初は、クラスの見学からかと思いきや、いきなり私に日本のことを話せ、と言います。デンマークの九〜十歳児がどれくらい英語を話せるか分からないので、みんなと一緒に折り紙で「つる」を折ることにしました。「つる」を折ること自体はとても好評だったのですが、私がびっくりしたのは、線と線の折り目をきちんと合わせて折る、という作業に手間取ったことです。日本の子どもは全員これができるのか、と聞かれて、「できます」と答えたらびっくりされてしまいました。このとき、ふと、日本の子どもたちは、幼稚園や保育園で今日も楽しく折り紙で遊びながら、線と線で合わせて折るという作業の練習をしているのだなぁ、となぜか鼻の奥がツンとなりました。

4 ＊ホーシー・アナセンって誰？

リズベットは、自分が担任している四年生のクラスで何をしてもいい、と言ってくれました。しかし、いきなり全員を受け持つのも効率がよくないと考え、二十四人をグループに分けて、ひとつずつ少人数で教えるのはどうか、と提案しました。彼女ももちろん賛成で、ひとつのグループが六名ずつの四グループに分けてもらいました。

子どもたちとの意志の疎通は想像以上にうまくいきました。彼らは英語を理解するのがとても早いし的確です。思わず、学校の勉強だけでそんなに英語が上手になったのか？　と聞いてしまいました。するると、子どもたちからは意外な答えが返ってきました。

「テレビを見るからよ。アメリカのドラマ番組を見ているうちに英語が分かるようになったの」

私がデンマークに滞在したのは、一九八〇〜八一年にかけての六か月間ですが、その頃、確かにデンマークではアメリカで制作された多くのテレビ番組が放映されていました。例えば、日本でも放映されたことがある、テキサスの石油王一家の顚末《てんまつ》を描いていた「ダラス」が人気を呼んでいました。ケーブルテレビやレンタルビデオなどがなかった時代でしたし、国営のチャンネルが一つだけでした。つまり、番組を選ぶのでなく、テレビを見るか見ないか、の選択肢しかないのです。ということは、子どもたちはほとんど全員が同じ番組を見ていることになります。そして、画面は吹き替え版ではなく、字幕はスクリーンの下に現われるものですから、英語の「音」を常に聞いている状態になっていたのです。

もちろん、デンマーク語と英語はもともと同じヨーロッパ語族に属するので、日本人が英語を聞くよりもデンマーク人が英語を聞く方がやさしいのかもしれません。でも、それでも、デンマーク人にとって英語は「外国語」です。誰もが簡単に英語を初めから話せるわけではないのです。その裏には個人の努力が絶対あります。

結局、デンマーク人にとっての「英語」はどういう意味をもつのか、ということが彼らの「英語力」に大きく影響を与えているようでした。理由のひとつは、やはり、欧州の中での小さな国という客観的事実です。国際的に通用する「英語」を身につけ、発言していくことで、デンマークのことをアピールしやすくなります。事実、中立的な立場をとるデンマークを含む北欧の国々は、国際機関で働く人材を数多く出しています。多言語をスムーズに扱う能力も彼らが高く評価される理由の一つでもあります。また、デンマーク国内でも、コペンハーゲンやオオフスといった観光地は当然のこと、それ以外の小さな商店や公園でも、「英語」が通じなくて困った、という経験が極端に少なかったのには驚かされました。

さて、六名ずつのグループに分けた子どもたちの授業です。私がこの子どもたちと一緒に過ごせる時間は一か月しかないので、各グループ四〜五回ずつの授業という時間配分になりました。私が六名を担当し、リズベットが残りの子どもたちと通常の授業をすることになりました。

私はまず、子どもたちと子どもたちの住むバリキルダのことをよく知ろうというテーマを決め、大きな紙に街の地図を描くことにしました。最初の一回は紙の上に街をその名前とともに描き入れました。二回目は作った地図をもとに子どもたちと実際に街に出て、道案内をしてもらいました。私がどこどこのパン屋に行きたい、と子どもたちに伝えます。すると、子どもたちは私にここの道をまっすぐに進んで、右に曲がれ、などと案内します。その過程で、「道を横切る」という表現方法が分からず、全員が立ち往生したことがありました。その時、ただ手を引っ張るだけでは私は動かないよ、と伝えていたので、子どもたちが寒い町角で、一生懸命議論しあっていました。そのうち、"ACROSS"という言葉が子どもたちの一人から出てきました。ところが、この"ACROSS"は形容詞形で、私を実際に道路の向こう側に動かすには、〝道を渡る〟という動詞、"CROSS"でなければいけません。でも、"ACROSS"が出てくれれば、それを"CROSS"に直すのは簡単です。子どもたちと実際に道を横切りながら、***"We are crossing the street."***と練習しました。

三、四回目のレッスンでは、何かデンマークのお話を取り上げたいと思いました。デンマークのお話でみんなが好きなものは何？　と聞いたところ、全員そろってある人物の名前をあげます。

「ホーシー・アナセン！」

「どんなお話を作った人？」

「人魚姫やみにくいあひるの子、知らないの？」

ここでやっと、このホーシー・アナセンが、アンデルセンだということが判明しました。ホーシーとは、彼のハンス・クリスチャンという名前の頭文字をそのままデンマーク語で読んでいたのです。デンマークでアンデルセンという名前はとても一般的ですので、頭文字をつけなくてはいけないそうです。また、彼は本当に人びとに敬愛されていて、「ホーシー・アナセン」と、彼の名前を口にする時の子どもたちの顔はたいそう誇らしげでした。

授業では、子どもたちと物語を英語に直していきました。全員が知っているお話を子どもたちの英語と絵で紙芝居にしたのです。これは楽しい作業でした。母語で完璧に内容を理解しているので、プロットの要点のとり方なども的確です。十歳児ですので、表現はとても簡単です。でも、彼らの知識を総動員して五～六枚の紙芝居にしました。絵の部分は、図工の時間をリズベットが使わせてくれたので楽しく仕上げることができました。

五回目の授業は全員で集まり、「みにくいあひるの子」や「マッチ売りの少女」など、それぞれの英語の紙芝居の発表をしました。なかなかの力作ぞろいで、本当は私が持って帰りたかったのですが、当然子どもたちも欲しがりました。それでは、と教えた日本のじゃんけんで私が負け、一冊も手元に置くことができなかったのが今でも心残りです。

5 * マンハッタンに住んでみると

大学四年の冬学期でした。「英語」を教えるという職業を真剣に考えていくと、文法を理解させたり、語彙《ごい》を増やしたりするだけでは、私が目指す「コミュニケーション」をとるための教育にはならない、といまさらのように考え始めました。まして、母語ではない「英語」を学ぶということはどういうことなんだろう。私の教育実習の先生のジーンと彼女の夫のマイケル、時には他の先生も交えて熱心に話し合いました。

そこで出た結論は、英語を教えるのではなく、英語で何かを訴えなければいけないのではないか、ということでした。つまり、英語の文法だけならば、これはテクニックだけの問題です。発音だって、さまざまな器械が出てきていました。「テクニック伝授」ではなく、生身の人間が教壇に上がることは何を意味しているのか。価値観や文化的背景を超えて、人間が普遍的なところで理解しあうことは可能なのか。英語で「何を」伝えるかの「何を」の部分に決定的な道をつけなくてはと、悩み始めると英語教育を職業とするのに不安が出てきました。

この不安を消し去るためには大学院へ行くしか道はなさそうでした。しかし、大学院へ行こうか、と考えたのが大学四年も冬のことです。おもな大学院の願書提出期限はとっくに終わっていたのです。仕方ないので、卒業後一年間は、研修目的でアメリカでの就労が認められていたので、それをしようか、とも考えていました。ところが、大学院の案内をぱらぱらと斜め読みしていたところ、ニューヨークや他のアメリカ東海岸の大学院でまだ締め切っていないところがありました。その一つがニューヨークのコロンビア大学の教育大学院ティーチャーズカレッジでした。さらに、学部案内の中に、"International Education/Comparative Education"（国際教育・比較教育）というものを見つけました。

これが私の「国際理解教育」との出会いです。さっそく、この学部の資料を取り寄せ、どんな授業をするのか調べてみました。この学部は、コロンビア大学大学院の教育学としての歴史が新しかったせいか、なかなかおもしろそうな授業が並んでいました。何よりも、文化や歴史、宗教的価値観を超えたところで、「地球人」として子どもたちを育てよう、というところに大いに興味が湧いてきたのです。また、オレゴンから遠く離れたニューヨーク、という土地柄にも興味があったので、おおあわてで、四苦八苦しながら願書をそろえ提出しました。結果はめでたく合格です。正直に告白すると、このティーチャーズカレッジには、GRE（Graduate Record Examinations）という統一考査の試験が免除されていたので、私でも入学できたのだと思います。

ニューヨークでの生活は、それまでのオレゴンでの生活とはまるで趣の異なるものでした。まず、大学院の寮への手続きからして大違いでした。私はオレゴンからきちんと入寮費まで添えて申し込んでいたのにもかかわらず、順番待ちの一番下に名前を書き入れられてしまいました。抗議しても「関係ない」の一点張りです。人びとの親切さが違うなぁ、と思いながら、それでもこちらも執拗《しつよう》に食い下がって、結果的には寮に入れました。コロンビア大学のあるマンハッタンは住居費が異常に高いのです。一九八二年の秋、私が入ることのできた大学院生用の寮は、日本の畳の大きさで言えば、六〜七畳程度の広さの個室に、ベッド、クローゼット、机がついていました。スイートと呼ばれる形態で、他の四名のスイートメイトとともにお風呂、キッチン、ダイニングを共有します。各スイートには鍵がかかり、なおかつ自室にも鍵がかかる、という形でした。その当時の部屋代は二百七十五ドル。同程度のアパートを学校に近いところで探すとなると、ゆうにその倍はかかるので、寮に入れるかどうかは死活問題でした。その当時、コロンビア大学が学生のために多くの部屋を抱えていて、マンハッタンの最大規模の家主であると聞いて、びっくりしながらも納得した記憶があります。

このスイートメイトたちとの生活も楽しみました。今でもそのうちの一人とは、同じように「英語教育」を専門にしている関係でとても親しくしています。彼女の名前はパメラ・マーティン。彼女は大学院時代から、将来のティーチャーズカレッジを背負っていく人物として注目されていました。とにかく頭が切れるのです。基本的な賢さ、そして繊細さがやさしさと同居している女性です。でも、彼女に教えてもらったのは、そういった学問的なことばかりではありません。マンハッタンは思いのほかペンシルバニアやニューヨークの雄大な自然へのアクセスがいいのです。小一時間もバスに乗ると、山のふもとにたどり着きます。パメラと私はアパラチアマウンテンクラブ、というハイキングの会に所属し、隔週の頻度でハイキングを楽しみました。月初めに送られてくる各リーダーが提案するハイキング情報を見て、当日そこへ集合する、というシステムです。解説の愉快なリーダーのいるハイキングを選んだり、りんご狩りのハイキングを楽しんだり、多い時は月三回もいろいろなハイキングに参加しました。そのハイキングのため、朝のジョッギングも始めたくらいです。

これは、オレゴンと違うなぁ、と感心したニューヨークのことを少々。オレゴンで私が卒業したルイス・アンド・クラーク大学にも外国人留学生が目立つようになっていました。でも、出身国の数はさほど多くなかったことをニューヨークに来て初めて理解しました。例えば、インド人留学生はオレゴンでは見かけませんでした。それから、アフリカからの留学生と親しくなったのもニューヨークでした。とにかく、ニューヨークは何でもあり、というのが実感でした。

オレゴンですっかり忘れていた「音」にもニューヨークで再会しました。コロンビア大学の大学院生用の私の寮は、WHITTIER HALL と呼ばれる古い由緒ある建物でした。住所は、アムステルダム通り一二三丁目。悪名高きハーレムが、一二五丁目から始まりますので、まさにハーレムとの境にその寮はあったのです。でも、スーパーマーケットの食品が、ミッドタウンに比べて種類が違う以上に価格も安かったのは嬉しい誤算でした。

ある日、食品を買いにハーレム方向へ歩いていくと、キッチンで何かを切り刻む音や鍋がふいている音が聞こえてきたのです。なんとも懐かしい気持ちになりました。家と家とが大きく離れているオレゴンでは、隣人の生活する「音」は、まず聞こえてきません。ところが、ハーレムのアパートは、まるで多くのアジアの都市のように、隣人同士が「音」も共有していたのです。プライバシー、という概念がとても幅を利かせているアメリカで、この感覚は私に不快感を与えるどころか、安心感さえ運んでくれました。お母さんが子どもを叱る声、宿題を促す声、そして兄弟げんか。私はややホームシックになりそうになると、ハーレム方向へこの「音」を聞くために足を運びました。

ニューヨークで知ったもうひとつの「顔」はお金の力です。持つものと持たざるものの差が、ここまで露骨なのもニューヨークの側面でしょう。バッグ（スーパーのビニール袋）レディと呼ばれるホームレスのお婆さんの横を、たぶん年齢的に同じ世代のお金持ちの女性が、有名ブランドの名前が書かれたいくつものショッピングバッグを持って、胴体の長いリムジンに乗り込む姿があるのです。オレゴンにももちろんお金持ちがいましたが、往々にして彼らは住みわけをしていたように思います。ところが、マンハッタンはごちゃ混ぜでした。

友達の友達のつながりなどで、大人の社会のパーティにももぐりこみました。きらびやかなニューヨークのロフトでの芸術家たちのパーティや日本人の接待のおこぼれにもあずかりました。その頃の野村証券アメリカの社長だった元参議院議員の寺澤芳男さんにはマンハッタンの料亭で数回ご馳走になりました。いつも食費を切りつめていた私には、マンハッタンの日本料理屋で食べる懐石料理は天にも登る気分でした。

私の誕生日に友達が数人で、マンハッタンで大評判の美容院に予約を入れてくれました。とにかくカットがうまいという評判の店です。料金が確か百ドルくらいでした。コロンビア大学の周辺の美容院では十ドルくらいでしたので、ざっと一般の十倍です。女優も顧客にたくさん持っている人でした。私も張り切り、一番いい洋服を着て髪を切りに行きました。しかし、そこでは、ある意味で、ニューヨークの不自然さが際だっていました。何につけても大げさなのです。とにかく、肝心の美容師にはたどり着かないのでは？　と心配になるくらい前置きが長いのです。まず、重いドアをギギギとあけると、受付の男性が私のコートを脱がせてくれました。しかも、"Hello, My name is Richard."という自己紹介つきです。その後、待ち合い室に通されて飲み物の接待があり、髪質のインタビューがあり、アシスタントの説明があり、と延々儀式が続きます。もちろん、新しい人が出てくるたびに一人ひとり自己紹介があってから握手を求められます。肝心のカットのことはたいして覚えていないのですが、この大げさな前置きは記憶に鮮明です。お金が無駄に使われているなぁ、とつくづくニューヨークの一面を考えてしまいました。

6＊大学院で学んだこと

大学院の授業でいまも印象深いのは、自分の専門でとった授業ではありません。最初に目を開かされたのは、「学校を変える」という講座です。担当教官は、五十代前半の女性で、アン・リバーマン博士でした。彼女は教科書をほとんど使いません。与えられた教科書はもちろんあるので、読んでおくことは要求されました。しかし、週一回の二時間の授業では、どうして学校が変わらなくてはいけないか、科学的にその変革を学問としてどう位置づけていくか、ということをその週のニューヨークタイムズや教育系の新聞に題材をとり、徹底的に議論しました。日本の大学院でこのような授業があるのかどうかも知りませんが、彼女の理論は明確です。うまくいかない、いっていない組織は変革が必要だというのです。具体的に、ある授業ではカリフォルニアの公立小学校で現在の日本のような学級崩壊を起こしたとき、PTAや地域の教育行政をも巻き込む教育改革をケーススタディとして扱った事例をていねいに検証しました。その過程にはさまざまな示唆がありました。二十年近く前の彼女の講座に「授業」以上の重みを現在も感じます。彼女だったら、今の日本の学級崩壊にどのように対処するか非常に興味があります。また、今の日本の状態は、それこそ彼女のような専門家の分析が求められていると思うのです。日本では、「教育改革」を学問として研究している人の話がまったく出てこないことが不思議です。

比較教育学の教授は英国出身の老紳士、ハロルド・ノア博士でした。彼の授業で学んだことは私の現在をしっかりと支えてくれています。彼の教えとは、比較するということはデータの信憑性《しんぴょうせい》を徹底して調査することだ、ということにつきます。また、数字や事実の前に謙虚になり、その具象化されているものの後ろにあるものに想像力を働かせなさい、と諭されました。

例えば、教育を比較することの落とし穴の例をあげましょう。「識字率」という調査があります。私たちは往々にして、この国の識字率は何パーセントである、という数字のみを鵜呑《うの》みにしてしまいます。ところが、話し言葉も表現文字も異なる文化での識字率の調査方法というものは、案外いいかげんな場合があるのです。発展途上国のある国で行われた調査では、自分の名前を読んで書ければ、「識字能力あり」とされる場合があったりします。また別の国では、新聞が読めることを識字能力あり、という場合もあります。これでは、何を「識字能力」とするかが統一されていません。したがって、文字文化や歴史の異なる外国を数か国集めてする調査は、その調査員の能力さえ考慮にいれなければいけない、ということでした。

近ごろ日本で英語の使い手と称されるジャーナリストたちが、外国人が受験する、TOEFLというアメリカやカナダの大学へ入るためのテストで、日本人はアジアの中で最下位である、ということをしばしば取り上げます。これなども、テストがアメリカで作成され、受験料として米ドルで七十五ドル相当の費用を徴収されるという経済的な背景などをまったく考慮していない、比較そのものが成り立たない例なのです。このテストは、現在日本円では一万三千円近く費用がかかります。七十五ドルよりも割高なのは日本の人件費が高いためです。日本人にとってのこの金額と、例えば中国、タイの若者にとっての七十五ドル相当には大きな隔たりがあります。つまり、気楽に度胸試しとして使えるお金ではない場合、それを受験するにはかなり周到な準備をするはずです。片や日本人受講者はどうでしょうか。アメリカへ留学することが、日本の私立の大学へ下宿をしながら通うのとそう大差がなくなった現在では、留学しようと思う人びとの層が、ぐーっと広がっていることを示します。つまり、受験する人間がその国のエリートだけという場合と、日本のように「お気楽受験者」が混じっている場合は、比較そのものがナンセンスなのです。TOEFLの得点を云々する人たちは、ただ結果のみを取り上げ、英語ができない日本人、と扇動的《せんどうてき》に「英語力不足」を攻撃しているようにもみえます。比較教育学ではこれをいさめます。

さて、私が専攻した大学院の国際理解教育ですが、これはちょっと期待はずれでした。在学していた頃のこの学部は、年々減少していく院生の数をいかに伸ばすか、ということを授業中にも話しているような雰囲気がありました。どうやら、途上国の政府に招かれて新しい国家の教育施行に専門家を派遣していた一九七〇年代の栄光を懐かしがっていた時期でもあったようでした。北欧で始まった援助国と被援助国との関係を学ばせる現在のグローバル教育の基礎が、やっと話題の緒《ちょ》についたところでもありました。私は、自分の専門として、「語学教育」を通しての国際理解教育といった道が、かなりはっきりしてきたこともあり、半分は語学教育の授業に熱中していました。でも、ニューヨークの国連本部で開かれる授業もあり、その情報源の豊かさでは、ニューヨークは他に追随を許さないところがあり、リアルタイムで世界情勢と教育を結びつける講師陣の力量に感服していました。

大学院時代のハイキング友達と

7 ＊朝の路上のニューヨークタイムズ・日曜版

大学院での学生生活は規則正しく過ぎていきました。コロンビア大学の教育大学院は、在校生の半分以上が現職の教師です。アメリカの学校教員の給与体系は、年齢に応じてその金額が上がっていくのではなく、何年教師をしたか、またどのくらい勉強や講習に時間やお金を費やしたか、が反映されるようです。例えば、公立学校では、はっきりとした給与体系表があって、学位をとり教員免許をとったあと、何時間の大学院レベルの授業を履修したかで等級が上がり給与が決まります。したがって、教師の職を生涯の仕事とする人たちは、たいへん熱心に勉強します。自分の教室でのリアルタイムの経験が、そのままケーススタディとなるので、彼らの議論は説得力十分です。私のように学部からそのまま大学院に進んだ人間は、まるで教授とクラスメイト両方から講義を受けているようなものでした。また、授業も週一回のみです。それで、かなりの部分は個人の論文書きが主になりました。

現職の教師が生徒の大半ということは、当然、授業は午後四時前には始まりません。多くの授業は夜六時過ぎに始まりました。それぞれの仕事を終えて、簡単な食事をすませてから教室に集まります。

私の生活も授業の開始時間に合わせて動くようになりました。その頃の典型的な一日は、毎朝六時三十分に起床し、スイートメイトのパメラとブロードウェイを挟んだ公園、モーニングサイドパークへジョギングに行くことから始まります。毎朝、よほどひどい雨が降らない限り、約三十分ほど軽く走りました。もう少し根性があれば、マンハッタンの高層アパートに住む秋田犬の散歩のアルバイトができたのですが、毎朝の仕事にすることには躊躇してしまいました。その頃のマンハッタンでは、主人に忠実で、頼りになる番犬という評判の秋田犬は、だんとつの人気ものでした。ジョッギングのあとシャワーを浴び、その後、パメラの朝食につき合います。パメラ特製の朝食とは、中くらいのメロンを半分にし、そのくり抜いた中にヨーグルトとカッテージチーズを和《あ》えて食べます。いま考えてもなかなかの健康食です。昼食は、前日の夕食時に多めに炊いておいたご飯で作ったおにぎりとフルーツでした。

昼間は、パメラも私もパート教師の仕事に出かけました。だいたい週四日くらいは仕事がありました。私はパメラの紹介で、マンハッタンコミュニティカレッジで、アジア系の生徒たちを数名担当し英語を教えていました。教室と教室がけっこう離れたキャンパスだったこともあり、また私は別に日本人の子どもの家庭教師もしていたので、忙しい日は、午後四時頃まで駆け足でマンハッタン中を移動していました。昼食も持参したおにぎりを教会の石段のお気に入りの場所で食べていました。夜に大学院の授業がない曜日はかなり遅くまで教えていましたが、寮に帰ってくる交通手段にもルールを決め、一人で地下鉄に乗るのは夜の七時まで、後はバスで帰宅していました。こうして気をつけていたので、マンハッタンでも、恐い思いを一回もしませんでした。オレゴンのお母さんベバリーから電話が入るたびに、危険な目にあっていないか、と聞かれるのがおかしかったほどです。

朝のジョッギングから始まって、昼間の仕事、資料調べや勉強、そして夜の授業を終え、ほっとして部屋まで帰ってくると、他のスイートメイトたちも三々五々帰ってきていて、そこでもまた話の輪が広がりました。一番の年上は看護学の博士号を修めていたコリーです。彼女は、ルイジアナ州出身の看護婦さんでした。他にアルジェリアからの留学生サンディ、体育学専攻のバーバラがいました。お互いに差し入れをしながら夜のティータイムを楽しみ、さらにそれから各自一～二時間、パメラは別格で三～四時間は勉強をしていました。つくづく体力、気力ともに充実していた時期だったのでしょう。

瞬きをする間に過ぎていくような忙しいウィークデイですが、楽しみは週末にも目白押しでした。パメラと私は、とことん心と頭を緩めることのできる大自然の中でのハイキングをこよなく楽しみました。そして、そのハイキングを終えて寮にたどり着くと、夜は夜でどこかで開かれているパーティに出かけました。女の子だけのティーパーティもあれば、ビールやダンスのパーティもありました。私は日本人学生の集まりにもけっこう頻繁《ひんぱん》に顔を出していました。コロンビア大学の他の学部の大学院を結ぶ横のつながりがあって、なかなか愉快な人がそろっていました。日本からの情報を収集したり、時々は日本からのお客さんの接待に紛れて、ご馳走にもあずかれたので貴重な集まりでした。ただ、学生は日曜には必ず勉強の態勢に入っていたように思います。どんなに盛り上がったパーティに出かけても、日曜日の朝に二日酔いで起きられない、といったことはありませんでした。私は、日曜日に、その週の準備態勢が整わないと、いくらがんばってもその週が充実しませんでした。

どんなパーティに出ていても、まるでシンデレラのように午前零時には家路に向かいはじめました。土曜日の深夜、マンハッタンを歩くとニューヨークタイムズの日曜版が歩道にかさ高く積み上げられる光景が目に飛び込んできます。私たち働きながら学ぶ大学院生は、普段は新聞を読む時間もないくらいなのですが、このニューヨークタイムズの日曜版は別格でした。また、新聞自体にも週の途中は新聞を読まない層をも取り込む編集方針が日曜版にはあったと思います。新聞とはいえ、すべての広告やお料理ページまで含むと軽く百ページは超えるほどのボリュームです。夜更けのニューヨークで、ニューヨークタイムズを一番早く買って帰り、とにかくベッドにもぐり込みます。次の日の朝遅めに起きだし、コーヒーをいれ、ゆっくりニューヨークタイムズの紙面をめくります。すると、お金がなくても、将来の仕事が約束されてなくても、素敵な恋人がいなくても、完璧に幸福な気分の日曜日が始められたのです。

第4章

青年海外協力隊の先生になる

青年海外協力隊の語学研修旅行で

1 ＊ジャパンタイムズの求人欄で見つけた仕事

ニューヨークをいったん引き上げようと決心したのは、自分の経験のあまりの少なさからでした。大学院の授業で、他の人たちが自分たちの生徒の実例をあげて議論する中で、私はなかなか説得力のある反論ができなかったのです。パートタイムで教えてはいましたが、やはり月曜日から金曜日までの継続的なつながりの中で自分の生徒を担当したい、と思うようになりました。いったん決めると、行動が早いのは私の特技です。博士課程への進級手続きを取りやめて、学校は休学することにしました。このときは、二〜三年でニューヨークへ戻るつもりでいましたが、人生とはわからないものです。予想もしなかった人生が私には用意されていたようです。

さて、日本へ戻ってみたものの、日本の大学を出ていない私には、就職の伝手《つて》はまったくありません。英語教師になるとはいっても、日本の大学で教職を終えているわけでもありません。また、学校現場へそのまま入るのでは、わざわざアメリカやデンマークで経験したことも本来の意味で活かされないとも思っていました。そこで、日本にいる外国人を対象としている英語学校関係の求人を英字新聞で探すことにしました。英語学校でも、教え方に納得できないシステムを採用しているところは省きました。専門学校も外国人一辺倒《いっぺんとう》のところが多く、うまくいきません。でも、その頃大学の外国人の先生が、アシスタントとして、日本人の秘書を探している広告がいくつか目につきました。日本の大学に伝手のない私は、これはいい突破口かもしれないと思い、何件か連絡を取りました。しかし、履歴書での選考には通るのですが、電話でのインタビューになると、決まって断わられます。不合格の共通した理由として、募集している仕事の内容が私には簡単過ぎると言われます。どんな仕事でもいいからと訴えても、あなたには別の仕事がいい、と言われてしまいます。一人の先生からは電話でこう言われました。

"You are a communicator. Find a job that best uses your talent."
(あなたはコミュニケーターと呼ばれる人だ。あなたの資質をベストに生かせる仕事を見つけなさい)

英語を教えたい一心で日本へ帰ってきたものの、絶望的な状況でした。「教える」ということを諦めなくてはいけないのかと思い始めた頃、やはり英字新聞の募集で、アメリカ向けの日本紹介の番組作成のスタッフ募集という仕事が目に入りました。日本を紹介するというところに、比較教育的な要素が持ち込めるかもしれないと考え、気合いを入れて応募しました。すると、結果は合格、初任給十五万円、肩書きはもうアシスタントプロデューサーということにびっくり！　でした。慣れない職種でしたが、テレビ番組の作成という現場を垣間《かいま》見るいい機会になりました。日本の現代の文化を取材して、それにバイリンガルのフリーのアナウンサー、今をときめく櫻井よしこさん、幸田シャーミンさんたちがナレーションを入れる十五分くらいのプログラムです。アメリカの教育番組用ということでした。

結果的に、私はこのテレビ制作の雰囲気と仕事の体制に馴染めず、数か月で退職しましたが、今でもいい経験だと思うことがあります。それは、あのテレビに流れる映像には、いかに多くの大人たちが真剣に時間と能力をかけているかということが分かったことです。どんなに私たち視聴者がくだらない、馬鹿ばかしい、と批判するような番組でも、その裏には何十人という作り手が黙々と仕事をしているのです。どんなものでも表面だけをとって安易に批判するのはよそう、という諫《いさ》めは、この仕事から教えてもらいました。同時に、プロデューサーと呼ばれる職業には見識がとても求められているのだということも強く感じました。また、この仕事で何回かご一緒させていただいたフリーのアナウンサー、シンディ中村さんとの出会いも忘れられません。彼女とは今でもたまに近況を確かめ合うおつき合いをしています。彼女は、米軍の横田基地のカーニバル取材時、私が公開されていた軍用機に乗ることを拒んでいる姿を見て、こう言いました。

「私はいま仕事でこれに乗ります。でも、仕事で自分の意見を述べることはとても大切。がんばってね」

さて、テレビ制作の仕事を辞めた私は、やはり教育の場に戻ろうと決心し、再び英字新聞の求人覧に逆戻りしました。すると、海外へ出かけるボランティアの語学訓練所での教師募集が目に飛び込んできました。不思議なことに、その機関の名前が明記されていません。ただ、長野県駒ヶ根市にある政府機関の訓練所であるということが書かれていました。とにかく電話をしてみると、電話に出た職員が、「青年海外協力隊です！」と言います。ここでやっと、この組織が、外務省の外郭団体の国際協力事業団青年海外協力隊であるということが判りました。正式には、国際協力事業団・青年海外協力隊・駒ヶ根訓練所です。私は、二回目の応募で採用となり、昭和五十九年一月から約三年間、この駒ヶ根訓練所の専任の英語講師として、念願だった自分の専門の英語教育をかなり理想的な授業形態で実現することができたのです。ただ、この駒ヶ根訓練所での仕事と生活が、私をまったく予想もしていなかった人生へと導いていくことになっていったのです。

2 * 理想の授業形態

青年海外協力隊の訓練所は当時、東京の広尾《ひろお》と長野県の駒ヶ根の二か所でした。現在はこの二つに加え、福島県の二本松訓練所があります。私が専任講師として赴任した頃のシステムでは、隊員候補生と呼ばれる訓練生は、第一次選考の筆記試験、第二次選考の面接試験を通過して第三次選考として三か月の訓練所生活を送るようになっていました。訓練所ではそれこそ朝から晩まで「訓練」があり、隊員候補生は週末にやっと外出が許されるという生活でした。

例えば、毎朝国旗掲揚などがあり、若い日本人講師が、「まるで軍隊みたいね」とやや批判的にささやいたところ、同僚のアメリカ人講師に、「こんなの軍隊じゃない」と一蹴されました。彼はアメリカの空軍出身で、心理学の博士号をあともう少しで取得できる段階にあり、そのうえボクシングの選手やジャズピアニストとして働いたこともあった人でした。こういう多方面に見識がある人間に教師として接してもらえる生徒は幸せだなぁ、と思っていました。この国旗掲揚もいまでは実施されているかどうかも分からないのですが、途上国において、国旗掲揚時に動いたり、尊敬の態度をとらないと、警察に国家侮辱罪で連行されることも実際にあるため、そういった習慣をまったく見聞きしたことのない日本の若い人には必要な訓練だ、と説明されました。

私が勤務していた頃の駒ヶ根訓練所では、英語、スペイン語、フランス語、ネパール語、タイ語、マレーシア語、ベンガル語が教えられていました。日本人講師も数名いたのですが、大体はその言葉を母語として話す先生方が世界各国から集められていました。隊員候補生は、自分の派遣される国々の言葉はもちろん、文化やその国々の独特の事情などを学びます。変わった講習の中には、「一人床屋」、「交通安全」といったものもありました。また、二泊三日の座禅教室、修学旅行のような語学研修旅行も盛り込まれていて、三か月の訓練がそれこそ、あっと言う間に過ぎていきます。不思議なもので、訓練はいつも同じようには進みません。グループダイナミックスとでも言うのでしょうか、その訓練ごとに隊員候補生がその訓練に独自の「色」をつけるのです。お互いがお互いを尊重しあい、何をしてもいい方向へ向かっていける隊もあれば、それこそ何をしても誤解と反目を呼んでしまう隊もありました。人間の相性は必ずあって、教師と生徒、生徒同士、職員と生徒、それらの関係がぴったり合う場合、合わない場合を実体験し、単に「英語」を教えるだけでは語学教育にならないということをここでも実感しました。

「言葉」を学ぶ目的が明確な場合、教師はとても教えやすい、ということもこの隊員候補生たちに改めて教えてもらいました。とにかく、「学ぶこと」自体が訓練であり、隊員として任地へ行けるかどうかの試験でもあるので、ほとんど全員が真剣勝負です。授業中に居眠りされたのも三年間で一人だけでした。おかしなもので、彼女の長い髪の毛が居眠りで揺れている様子さえ覚えています。実際の授業は、一人の担任講師がレベル別に分けられた四〜五名の生徒を担当します。これをホームクラスと呼び、一日に三〜四時間の授業を受け持ちます。訓練生は、語学関連の授業としてはこのホームクラスの授業の他、職業別にクラスを分けられ、テクニカルクラスとして毎日一〜二時間授業を受けていました。私は日本人講師ということで、レベル別クラスでは一番成績が下のいわゆる、ボトムクラスの担当でした。ここで私が出会ったびっくり仰天の生徒たちのことは、のちほど詳しく書きましょう。

駒ヶ根訓練所での授業形態は、語学講師としてこれ以上の贅沢《ぜいたく》は求められないほどでした。生徒が四〜五名という人数。椅子やテーブルも含めた快適な教室空間。講師一人ひとりに自由に任されていたカリキュラム。親切で協力的な総務の人たち。そして、やる気まんまんの訓練生たちです。教科書も何を使ってもいいし、使わなくてもいいのです。私は、ホームクラス、テクニカルクラス両方に、アメリカで学んだ「カウンセリング・ラーニング」を全面的に採用することにしました。ここで、カウンセリング・ラーニングをたっぷり時間をかけて実践したことで、日本人にはオリジナルの教授法に何をつけ足し、何を引いたらいいかも判ってきました。現在、私が進めている「吉村式カウンセリング英会話」の基盤は、この訓練所での理想的な授業形態が強力な後押しとなりました。

駒ヶ根訓練所のその頃の語学講師のスケジュールは月曜日から金曜日まで、朝八時三十分に授業が始まり、午後三時には終わります。つまり、午後の二〜三時間はたっぷりと準備に使えましたし、生徒指導のような、本来の授業にはあまり関係ない業務からいっさい解放されていたのも幸いでした。生活指導をしなくていいので、成人である隊員候補生とは大人同士のつき合いが可能だったのです。それに、これから発展途上国へ行って、何かやってやろうという思いの人びとの集団です。右を向いても左をみてもユニークでおもしろい人間の見本市のような環境です。週末に彼らを招き、食事を一緒にしながら話をする時間もとても愉快でした。

私はとにかく高校卒業と同時に日本を離れていましたので、成人してから日本の生活を知りませんでした。ここでの三年間は私の日本社会復帰へのベストの環境だった気がしています。もっとも、駒ヶ根訓練所がどのくらい「フツーの日本社会」であったか、ということに関してはちょっと自信はないのですが。

3 ＊ 隊員OBの不思議な職員たち

協力隊の訓練所には、国際協力事業団(ＪＩＣＡ)の職員の他に、青年海外協力隊員の任期を終えた元隊員もたくさん働いていました。訓練所の職員として、任国から帰国したばかりのＯＢやＯＧは、格好の人材だったのです。隊員候補生としての訓練所暮らしの経験もありますし、何といっても途上国で生活した経験がものを言います。契約の職員として訓練所で働き、その後、職員採用試験を受けて、ＪＩＣＡの職員となる隊員ＯＢもたくさんいました。

しかし、この職員の集団もたいそう風変わりでした。例えば、チュニジアのバレーボール教員から帰ったばかりの男子職員です。彼は秋田県出身で、久しぶりの日本でスキーをするのを楽しみにしていました。楽しみにするのはいいのですが、午後五時を過ぎると、ぴかぴかに掃除された訓練所の廊下や教務室をバッコンバッコン！　と、ものすごい音を立てながらスキー靴を履《は》いて歩くのです。スキー靴を柔らかくするため、と平気な顔で言います。私は、おかしくておかしくて、そういうものかなぁ、不思議だなぁ……と眺めていました。

この職員の中に、これまた不思議な職員がいました。日本人なのですが、不思議な英語を話します。ところどころ流暢で、ところどころ下品で、ところどころ鋭い、この「英語」を彼はどこで学んだんだろう、というのが最初の印象でした。私がこれまで聞いたことがない「英語」の話し手でした。文法は間違いだらけ、語彙の選び方もちょっとおかしい、でも、意味は通じるし、なによりも印象的です。この「話し手」はどんな人間なんだろう、という興味を人に持たせます。そもそも私は、自分の生徒にも、このように人に興味を持たせるような「内容」を英語で表現してもらいたい、と考えていました。そんな私の教育の「理想」を体現している人物に興味を持ったのです。さらに、彼の話の合いの手には、ちょっとここに書くことさえはばかられる、いわゆる四文字言葉が挿入されていたのにも仰天しました。例えば、こういう具合です。

"Where the fxxxing hell have you been?"
（いったいどこに行ってたんだ？　ずいぶん捜したぜ）

これはものすごく汚い部類に入るスラングです。スラングにもその存在には理由があります。また、どんな言語にもスラングはあるのです。しかし、彼がここに合いの手で挿入するのは、とても不自然でした。私は、彼がどこでどのようにして、この「スラング」を彼の英語に取り入れていったかに興味を持ちました。

この職員や例のスキー靴職員たちと語学講師たちが集まって駒ヶ根の山や川に遊びに行く機会が多くありました。そこでも、彼の四文字言葉が挿入された英語がぼんぼん飛び交うのです。私は彼がどのようにしてこういう英語を話すのかとても興味があり、山で川で彼の話に耳を傾けました。

彼の英語は、彼が青年海外協力隊の隊員時代、アフリカのザンビアの酒場で、友人たちと楽しい時を過ごしながら身につけたものでした。彼の親友は、ザンビア人と白人との混血（カラード）で、自動車修理工場を経営するメカニックで、イギリス英語を話しました。ほかに、アイルランド訛《なま》りのきつい北アイルランド出身のイギリス人英語教師、ロシア人技術科教師でした。彼は、これらの友人たちと毎夜ビールを飲みながらトランプをして英語を覚えた、と言います。

これは私の知らない世界でした。南部アフリアは気候がたいへん素晴らしく、多くのヨーロッパ人が今世紀に移り住んだそうです。ザンビア、ジンバブエ、ナミビアといった南部アフリカ諸国は、一年を通して気候が温和で、決して野生動物だけが喜んで棲んでいるわけではないようです。ヨーロッパ出身の人びとが南部アフリカに固執するのは、それなりの理由があるのです。アパルトヘイトが続く南アフリカのことは「情報」として知っていても、そこに住む人びとのことを身近に感じることはありませんでした。そんな私にとって、ザンビアで彼が培った人間関係は新鮮であり、なおかつ深く心を動かされました。

南部アフリカの恵まれた自然のなか、肌の色も生い立ちも違うさまざまな人びとが、自分たちの人生に悩み、傷ついている様子。現地の黒人の子どもたちと共に育ちながらも、黒人と同等の扱いを拒絶され特別扱いされて傷つく魂。その「特別扱いやその背後に存在する人種差別」を直視できずに、アルコールに依存してしまう人も多いと言います。このどうしようもない現実を、満天の星のもと、ビールとトランプで瞬時忘れるというのです。刹那《せつな》的ではあるけれど、たぶんそこには、このうえなく幸せで楽しい空気も流れていたはずです。彼らの人生のたとえ一場面にせよ、日本から来た同世代の人間として立ち会い向かいあい、苦しみや喜びを自分のことと同様に深くその身に取り込んでいる彼の姿が見えてきました。その経験がいっぱいつまっていたのが、彼の不思議な「英語」の原点だったようです。

また、青年海外協力隊員という身分でも、現地の労働者を指示したり、仕事上の命令を出したりします。その時、日本で学んできたままの上品な英語では、ワーカーたちが動かなかった、とも言います。ところが、現地の白人や混血の友人たちの使う、この四文字言葉で調子をとりながら指示を出すと、スムーズに仕事が運んだそうです。

ご推察の通りこの四文字言葉をあやつる職員は、現在、私の夫です。ただ、結婚することが決まる頃から、彼の四文字英語の排除には気合を入れて取り組みました。これにはいくつかの段階を要しました。彼に言わせると、至る所でこの四文字英語の「合いの手」が入らないと落ち着かない、と言うのです。そこで、この「合いの手」をもう少し品のいい「合いの手」に直してもらいました。四文字言葉の次に登場したのは、「血まみれの」という意味のBloodyです。これもなかなか激しい形容詞ですが、Fxxxingよりはましです。徐々にこの「合いの手」が消えていくには、それでも数年かかりました。彼の英語は、この後赴任することになったリベリアで、「仕事」として使ううちにかなり上達しました。教師としての私は「何でも正解！」がモットーですので、ふつうの生徒には甘いのですが、こと夫の英語には何かと注文をつけたくなります。ただ、敵もさるもので、現在、彼はスペイン語を勉強し、かなり自由に使えるようになりました。スペイン語では、途中脱落の経験のある私はスペイン語圏だけには赴任してくれるなと願うばかりです。

例のスキー靴職員はその後ＪＩＣＡの職員となり、現在はニジェールという砂漠の国に単身赴任の駐在員としてがんばっています。

4＊えっ、アルファベットも覚えてない…！

青年海外協力隊は、二十〜四十歳の技術を持つ青年を発展途上国に派遣し、その国の技術発展に貢献するという目的を持つ、日本の政府開発援助（ＯＤＡ）のひとつです。日本の協力隊は、米国の平和部隊（ピースコー）をお手本にしており、発足も比較的早く、本家に遅れることたったの五年、一九五五年には、ラオスに四名の第一次隊を派遣しています。それから一九九九年十月末の現在までに、延べ九十二か国、二万人を派遣しており、「技術」を持った国際協力は、さまざまな国で高い評価を受けています。

協力隊の隊員になるには、派遣国に要請された「分野」の技術を持つことが第一条件でした。現在では、たとえ経験が少なくても、国内研修によってその不足分は補われるようです。私が担当したホームクラスは、いわゆる「ボトムクラス」などと言われていました。何が「ボトム」かと言うと、これは英語の試験の結果のことです。協力隊の一次審査で課せられる英語の試験は著しく奮わなかったけれど、それ以外のところに「これは！」という強みを試験官たちが見出したため、合格した人たちです。訓練所で行われる語学訓練はどの言語圏に派遣されるかによって決定されましたが、第一次試験の英語の筆記試験は、外国語学習の適性を見るために全員が考査を受けるのです。

「英語は苦手だけど、見所十分!」という評価を受けて私の受け持ちになった訓練生は、確かに強者《つわもの》ぞろいでした。ただ不思議なもので、四~五名全員がそろってアルファベットも覚えていない、ということはないのです。ものすごい英語アレルギーが一名いるくらいで、他の隊員候補生は、「あら、試験でたまたま失敗したの?」という感じでした。私が出会った「これは、すっすごい……」というエピソードを紹介しましょう。

フィリピンへ派遣される予定だったT訓練生は、凄腕《すごうで》の金属加工分野のプロフェッショナルでした。ところが英語は大の苦手。もともとフィリピンはタガログ語という現地の公用語があり、英語を使うことは、自分の上司との関係には必要でしたが、実地の技術を現地の人に教えるのには一番必要とされている言語ではありませんでした。そんなもろもろの背景もありましたが、彼の英語嫌いは年季が入っていました。訓練が始まった頃、どうも私の指示していることがスムーズに彼に伝わりません。もしやアルファベットを正確に覚えていないのでは!? と気がつくのに、不覚にも二~三週間もかかってしまったのです。

彼との授業でいまも鮮明に覚えていることがあります。「私の名前は~です」という表現で、名字でない下の名前を述べる時には ***"My first name is XXX "***と練習していました。ところが、彼の番にくると、決まってこのような表現になってしまいます。

"My left name is XXX."

私のあとをついて、ただ繰り返すだけならばなんとか、「マイファースト ネイム イズ……」とできるのですが、通常の会話になるとできなくなります。会話の中で、不意にこの文章が出てくると、このファーストがレフトに変わってしまいます。

言語教育学を学んだ人であれば、これが、かのワード・アソシエーション（Word Association）からくる間違いということに気がつきます。彼は、英語を話すうえで、新しい語彙を自分の持っている、過去に蓄積された彼の「英語の財産」から一番近いものを連想して切り抜けようとしているのです。彼にとってのファーストは、彼の大好きな野球の一塁ベース、ファーストです。そして、彼のポジションは外野のレフトだったそうで、ファーストと聞いた時、彼の脳の中の英語のコンピューターは、自動的にファーストからレフトへと情報を操作してしまうのです。このT隊員候補生のケースと同じ間違いの傑作がもう一つあります。英語で *"Thank you!"* と言われた際のお返しの言葉として、*"My pleasure."*（どういたしまして）という表現があります。これが、S隊員候補生はどうしても、「マイブラジャー！」となってしまうのです。理由は説明する必要もないですね。

私たち語学講師は、訓練の終了時に各隊員候補生が語学訓練を修了したかどうかの判定をしなくてはなりません。これは、第三次訓練である訓練所生活三か月の総評価にもつながり、彼らが派遣国へ行けるかどうかの判断材料のひとつにもなるのです。T隊員候補生の英語力は伸びました。ただ、出発点があまりにも低かったので、彼の「英語力」は、自分の自己紹介ができ、仕事で必要な指示言葉、***"Do like this."***（こういうようにやれ！）が言えるくらいでした。でも、私の彼への評価に迷いはありませんでした。三か月にわたって日常的に接してよく判った、彼の大らかな性格や、途上国で自分の技術を活かして人助けをしたい、という熱い想いは混じり気のない純粋なものでした。こういった「想い」の前に技術的な語学力など大した問題ではないのです。彼がその後、フィリピンでたいそう立派な活躍したと聞いたとき、それは当然と受け止めながら、「語学力」とはいったい何であるか、という思いをさらに深めることになりました。

5＊澤田マンションは多国籍レストラン

協力隊の語学講師は総勢二十名弱でした。駒ヶ根市の市役所に近い日当たりのいい場所に澤田マンション、そのちょっと先に澤田ハイツがありました。澤田ハイツには一般の賃貸の住人も住んでいましたが、澤田マンションの住人は、十六世帯全部が駒ヶ根訓練所の語学講師とその家族です。マンションの広さは大家族用を除きほとんどが3ＤＫです。欧米出身で日本の生活が初めての先生たちには「狭い」と不評でしたが、日本の住宅事情を知るものにとっては「広い」アパートでした。協力隊は待遇面でもいい職場でした。私が協力隊に就職する半年前まで勤めていた、テレビ制作会社の初任給が十五万円。協力隊の専任語学講師の初任給が二十八万円でした。昭和五十九(一九八四)年一月のことです。そのうえに住居手当が四〜五万円ほど保証され、私は澤田ハイツの住人となりました。

澤田マンション・澤田ハイツはとにかくおもしろいコミュニティーでした。いまでこそ、外国出身の方々がたくさん日本に住んでいますが、協力隊がこの駒ヶ根市に開設されたのは昭和五十四（一九七九）年です。市役所で、スーパーで、町の至るところで見かける外国人語学講師とその家族の存在は、さぞかし周囲の注目を集めたことでしょう。でも、私が就職した昭和五十九年には不思議なほど周辺の風景に溶け込んでいました。訓練所開設当初から勤務されている外国人の先生方は皆さん日本語も上手で、地域での生活を楽しんでいるようでした。

澤田ハイツでの生活で今でも楽しく思い出すのは、各国出身の先生方との呼んだり呼ばれたりのお食事会です。菜食主義者のアメリカ人講師ブルースさんと元隊員だった奥様のマリコさんの、時間と手間のたっぷりかかった野菜料理・豆腐料理、タイ語講師のスラパさんのスパイシーなタイ料理、マレーシア語講師のハムザさんはその頃は独身で、いつもお酒くさかったから彼の料理は覚えていません。でも、必ずパーティーの席にはいました。ネパール語講師のシェルパさんの作るネパールカレーはそんなに辛くもなく絶妙な味でした。フランス語講師の加藤先生の料理も絶品。大ベテランの加藤先生はとても優しく素敵な女性で、料理にも品があり、お人柄がそこに現われていました。男性・女性を問わず皆さんなかなかの料理自慢がそろっていました。そして、極めつけはベンガル語講師のアサドさんの奥様の作られるベンガル料理の数々でした。材料の調達はたぶん難しかったはずの駒ヶ根で、あそこまでの本格的なバングラディッシュの料理には毎回目を見張らされました。私は、インドやベンガル料理が大好きですが、スパイスを使う私の料理の基本は、アサドさんの奥様に直接伝授していただいたものです。カルダモン、クミン、ターメリックの三つの基本的なスパイスを香りよく玉ねぎと炒め、中に入れる野菜や肉によって、あとから入れるスパイスに変化を持たせます。これが、タイ料理になると、このスパイスにココナッツミルクやレモングラス等が加えられます。ベンガルの風がいっぺんにタイの空気に変わるようなものでした。もともと食べること、料理をすることが大好きな私は、このアジアのエスニック料理の味の深さの虜《とりこ》になっていったのです。雄大な駒ヶ根の山々に囲まれながら、世界各国の家庭料理が食べられる幸せを実感していました。

澤田マンションでの料理を話題にするのなら、私が始めた英語料理教室のことも書かないわけにはいきません。駒ヶ根での生活は順調で、二年目には結婚までしていましたが、私は仕事だけの生活ということが苦手です。毎日毎日、職員住宅と訓練所の往復では、駒ヶ根という地域の顔が見えてこないのです。そこで、当時JICA職員住宅に住んでいらした方を通して、駒ヶ根の料理の好きな人たちを集めて、英語で各国の料理教室をすることにしました。月謝は不要の教室です。この料理教室に集まってきてくれた人たちもユニークな方々ばかりでした。不思議なもので、それから現在まで、訓練所を去った私たちを駒ヶ根に引きつけるのは、この料理教室で知り合った人たちなのです。いままも心と身体がうんと疲れると、駒ヶ根に行こうかな、と思ってしまうほどの場所になりました。

料理教室は、火曜日の午後四時から始まりました。月曜に担当の人とメニューと材料調達の打ち合わせをして、実際の買い物は当番制でしてもらいました。だいたい、毎週七〜八名参加者がいましたので、その家族分の材料をそろえるのはなかなかたいへんでした。びっくりするくらい大きな鍋が必要でした。この料理教室の特徴は、子どもがいる人が多かったので、教室で作った料理がその日の夕飯に並ぶように工夫したことです。私がそれまで訪れた外国で集めた家庭料理ですので、技術的には簡単なものばかりです。もちろん、澤田マンションの先生方にも協力していただき、たまには一昼夜の煮込みが必要なネパールのカレーにも挑戦しました。参加者の家族が世界地図を出してきて、この料理はこの国で食べているんだと話したこととか、「いつも帰りの遅い夫が、火曜日は早く帰って料理を楽しみにしてくれるんです」ということを聞きとても嬉しい思いをしました。

この料理教室でもっとも評判のよかった料理のレシピを紹介します。アサドさんの奥様直伝のベンガル風フィッシュコロッケです。これは、ツナ缶を使って簡単にできますのでぜひ試してください。

材料は、ツナの缶詰三〜四個、よく油を切っておいたもの。それにゆでたジャガイモ五〜六個をつぶして、卵一個をよく混ぜて塩、胡椒します。その中に、パン粉二カップをそのまま入れます。最後にクミンシードを香りがでるまでフライパンで空煎りし、半分くらいつぶしてから加えます。日本のコロッケよりやや小さめに丸め、高温の油で揚げてください。カレーのつけ合わせにぴったりです。びっくりするくらいの量の乾燥パン粉を生地に入れることと、揚げる時の油を高温にするのをお忘れなく。

第5章

アフリカに生きる人たちと英語でつながる

リベリアの小学校の子どもたち

1 ＊最上級挑戦食・キャッサバリーフ

結婚して一年くらいたったある日、ルンルン気分の夫からこう訊《き》かれました。

「アジアのバングラ、アフリカのリベリアって聞いたことある？」

「……どっちかの国に行くことになったの？」

「大当たり！　リベリアです！」

「アジアのバングラ、アフリカのリベリア」とは、その当時の国際協力事業団や協力隊関係者の間でささやかれていた、赴任国としてたいへん住みにくい国のアジア代表、アフリカ代表ということでした。夫は、ザンビア時代からアフリカ大好き男なので、リベリアだろうがケニアだろうが無条件で嬉しいので、そんな評判はまったく気にかけません。アフリカというと、一般的に暑くて野生動物がたくさんいて、というイメージが強いのですが、実際のアフリカはその場所によって、気候も住んでいる人間も動物も大きな違いがあります。例えば、夫が協力隊員時代に派遣されたザンビアは、一年を通して夏の軽井沢という趣だそうです。アジアのバングラディッシュ、アフリカのリベリアは、両方ともたいへん湿度の高い気候が一年を通して続きます。もうこの高温多湿の状態だけで派遣国として人気がなくなってしまうのです。私たちの赴任より前に、協力隊OBで写真家の友人がリベリアに取材に行き、こう言っていたことが忘れられません。

「リベリアって、食べ物と人と気候がよければ言うことないんだけどなぁ……」

これを聞いて、「えっ……」と絶句しましたが、住めば都、とはなんて言い得て妙なんでしょう。私が四年近く生活したリベリアは、前評判に反して、生活感あふれる魅力的な国でした。

まず、私には「まずい」と思う食物がめったにありません。これは、世界のいろいろな場所で暮らすうえで絶対的に有利です。私は、食べることが大好きで料理もよくします。人が作ってくれたものをいただくのも大好きです。味覚があまり発達してないのでは？　と言われてしまえばそれまでなのですが、とにかく何でも美味しいのです。おっかなびっくりで試す新しい味に出会うのも人生の楽しみのひとつです。ただ、好きな食べ物は？　と聞かれると、けっこういい加減で、「半熟茹で卵」なとど答えてしまうところは自分でも格好悪いと思っています。

さて、仕事の関係で、私より三か月早くリベリアへ赴任していた夫は、「このアフリカでこそ、夫婦間の主導権を握ろう！」というひそかな決意があったようです。そこで、いろいろ考えた末、リベリアの「食べ物」で私にアフリカでの洗礼を受けさせようと思ったようです。その頃リベリアの協力隊員たちの間で、新入りの隊員にほどこす秘密の「現地訓練」というものがありました。現地の食事に、初級・中級・上級・最上級という段階を設けて、新入り隊員に初級からその現地食に慣れてもらう、というものです。西アフリカの海岸地域は海や山の食べ物が豊富で、さまざまな食生活が楽しめます。ただ、猛烈に辛い香辛料があったり、一見正体がわからないどろどろとしたソースなどがあるので、胃袋と好奇心が元気でないと慣れるまでお腹をこわしたりします。

夫は、何の躊躇《ちゅうちょ》もなく、私への「現地訓練」に、この最上級のメニューを選びました。メニューの名前は「キャッサバリーフ」です。キャッサバは、でんぷん質の多い芋《いも》の一種で、日本では沖縄で栽培されています。サハラ砂漠以南のアフリカでは広く栽培されていて、キャッサバの白い部分を蒸した後、お餅状態にして、スープをかけて食べる「フーフー」は、ナイジェリアなど西アフリカでは一般的な食べ物です。そして、リーフとは、いわずもがな葉っぱのことです。つまり、この「最上級挑戦食・キャッサバリーフ」は、硬い葉っぱの部分をモーターと呼ばれる挽き肉器のようなもので、くたくた、どろどろにしたものを材料とします。そのどろどろにした葉っぱといっしょに新鮮な魚や肉を煮込みます。味つけは赤いパーム油とマギーキューブ。仕上げにぺぺと呼ばれる唐辛子が使われます。これをPL480(本来は家畜用飼料)と呼ばれる、米国から送られた縦長いぼそぼその援助米にかけて食べるのです。見かけは確かにものすごく不気味です。また、この「現地訓練」はいわゆる町角の「定食屋」のようなレストラン(?)で行われましたので、水道の代わりにたらいで食器を洗っている様子も見受けられ、やや衛生観念が薄そうでした。食器もかつては原色だったかもしれない、薄汚れて色あせたプラスチックです。「水」はもちろん飲めません。途上国では、瓶に入った清涼飲料水が安全です。私は普段の生活で炭酸飲料を飲むことはまずないのですが、途上国で生活すると、しばらくの間は、「コーラの友」になります。

夫が嬉しそうに、食堂のお姉さんに注文しました。

"One Cassava leaf, please!"（キャッサバリーフひとつ！）

ところが、出てきたキャッサバリーフは予想に反し、なんともいいにおいです。夫の魂胆《こんたん》は判っていました。気の毒なのでわざと不機嫌なふりをしていたのですが、このキャッサバリーフの香りに私は食欲を感じ始めていました。「むむむ……」とひと口食べて見ました。すると、私の口から出てきた言葉は、

"Very GOOD!"（美味しい！）

食堂のお姉さんがにっこり笑い、夫はがくんと、うな垂れました。

2＊カナダ人と日本人とリベリア人

ガンタ・ハンセン病センターは、リベリアの首都モンロビアから車で四時間ほど北上した地域にありました。典型的な熱帯性ジャングルの中のカトリック系修道院が経営するハンセン病患者の施設です。ここの特徴は、患者や元患者が自立して生活できるよう、病院と修道院を中心としてコミュニティが作られていることでした。

青年海外協力隊も、このガンタ・ハンセン病センターを支援するため、コミュニティの畜産の指導などに隊員を派遣していました。日本でもリベリアでもハンセン病は悲惨な病気ですが、リベリアでも治療によって治るということが理解されてきていました。ハンセン病も、いろいろな病気のひとつ、という捉えかたが、むしろ日本より進んでいた気もします。ハンセン病は成人にはまず感染しません。たとえ感染したとしても初期であれば劇的に効く治療方法も確立しているので、ハンセン病は決して不治の病ではないのです。確かに、病状が悪化してしまった患者さんたちの姿の中にはぎょっとする方もいました。ただ、私はどんなに強い「違和感」であっても、生活や時間を共有する中で、その

「違和感」も「日常の風景」に変わっていくということを実体験しています。また、「教育」も、そうやって、子どもたちに「違和感」を受容するすべを教えていくことが大切だと考えています。そういう意味では、このハンセン病センターで働く日本人ボランティアの青年は頼もしい人たちでした。

このハンセン病センターは、日本政府の青年海外協力隊員だけではなく、カナダのキリスト教系のボランティアの人たちも運営に加わっていました。このNGO組織コーズ・カナダの代表が、デイビッド・ウエインでした。デイビッドは型破り掟破りの個性の持ち主です。標本にしたいくらいの「恐いもの知らず」です。彼の恐いもの知らずのエピソードをひとつ。冷戦時代のソ連で、彼はカナダからヨーロッパへ行く途中、飛行機の乗り継ぎの関係でどういうわけかモスクワのホテルに連れて行かれました。彼はせっかくのチャンスだから、普通のモスクワの人と話がしたい、と思い立ったそうです。即実行型の彼は、そのホテルの非常階段から、ビザなし、もちろんパスポートは取り上げられた状態で、モスクワの街に忍び込んだそうです。楽しく朝帰りしたところ、守衛に発覚して大騒動になったそうですが、官僚主義のロシア人たちの揉み消し工作で「事実」は隠蔽《いんぺい》され、次の日の便で無事ソ連を脱出したそうです。彼は、リベリアの内戦が始まる前、プロジェクトの資金繰りがうまくいかなくなり、泣く泣くリベリアを離れました。しかし、一九九七年から子どもたち五人と奥さんの家族全員を引きつれて、リベリアの隣国コートジボアールのガンタに近い村で、戦争に傷ついたリベリア人たちの自立のためのプロジェクトを進めています。

ＪＩＣＡという日本の政府関係特殊法人に属する夫は、リベリアでは青年海外協力隊調整員事務所の代表ということだったので、本人の希望する、または得意とする仕事ばかりではなかったはずです。あの頃のさまざまな仕事やプライベートのつながりで知り合った人びとの中で、彼はこのデイビッドと一番ウマが合いました。デイビッドの妻のオードリーは、夫とは正反対の物静かでおだやかで線の細い、見事な赤毛の人です。いつでも歌を口ずさみ、本来の職業である看護婦の資格を活かして、リベリアでも公衆衛生のセミナーを開催し、デイビッドのプロジェクトの中枢を支えていました。彼らの特徴は、自由な精神とキリスト教徒としての信仰心あふれる日常です。そうです。こんな型破りの男のくせに、デイビッドは熱心なキリスト教信者で、彼のアフリカでの仕事もすべて神様に導かれていると言います。また、私が不妊症でやや落ち込んでいた時、彼らが私に言ってくれた言葉にたいそう励まされました。

"We would love to be your children!" (私たち、あなたたちの子どもになりたい!)

こんな彼らと日本人ボランティアとの間で、ある衝突がありました。デイビッドたちはカナダの西海岸にあるバンクーバー出身です。海流の関係で比較的温暖な土地柄なのですが、一年を通して湿度が低く、夏は短いようです。その短い夏の風物詩の一つとして彼らが大好きなものに「水かけ遊び」があります。英語では単純に、"Water Fight"と呼びます。このことで、ガンタで働く日本人隊員が憤慨していたのです。デイビッドが現地の子どもたちに水汲みをさせて、その水を使って遊ぶ、と言って怒るのです。多くの日本人の隊員にとって、アフリカで働く、ということにそれなりのイメージがあります。それは当然なことでしょう。その中で、地域の人びととの人間関係の作り方、距離の取り方はそれぞれが悩むことです。その憤慨していた隊員は、ディビットがお金を出して子どもたちに水汲みをさせることは、小遣い銭を稼がせることができるのでいいと言います。しかし、子どもにお金を出して持ってこさせた「水」は、料理だとか、身体をあらうために使うべきで、自分たちの「遊び」に使うのは欧米人のおごりだと言います。私はこれをデイビッドとオードリーに伝えました。すると、普段物静かなオードーリの方がちょっと興奮してこう言いました。

"Water Fight is so CANADIAN! You cannot take it away from us!"

（水かけ遊びはカナダ人そのものよ！ 私たちから取り上げられないわ！）

デイビッドはこういう時、冷静です。日本人の彼の心情はとてもよく判る、と言った後で、途上国で働くということは、どういうことなんだろうね、と静かに語り始めました。「援助」を実際に現地で実行する際、恵まれている人間が恵まれていない人間に何かをしてあげる、という構図では長続きしない。その場所で自分を活かしながら、現地の人びとにも自分を理解してもらうことも大切なんじゃないか、と言います。異文化の中で暮らすことには、多くのストレスが伴う。でも、そのストレスを上手に発散することで、自分たちの心が平和でいられるのは、地域の人にもいいことじゃないか、と言うのです。

私はこの日本人隊員の気持ちもよく理解できました。ただ、彼の中で、「水を汲んできてもらって、それを遊びに使う」ということに対する嫌悪感の元々の出どころは何なのでしょう。もしかしたら、それは、水を汲んできた子どもに対する思いやりではなくて、「援助する側」のイメージを壊されることに対しての憤りなのかも知れないとも思いました。

当のリベリア人の子どもたちにこのことを聞いてみると、みんなデイビッドが大好きなので、全然気にしていないのもおかしなものでした。

3 ＊ 副校長に昇格したけれど

私は英語の教師です。だから、リベリアでも教師をしたいと思いました。本来ならば、夫の職業上、私の就労は赴任国では認められていません。そこで、首都のモンロビアにあるＡＴメモリアルアカデミーという、幼児から高校生までの私立の学校へ出向き、教師の職を探しているのだが給料はいらないと伝えました。ただ、できれば私の働きに応じて「交通費」の実費を払ってもらいたい、とも言いました。ゾー・レイノルズというこの学校の校長先生が私のこの交渉の窓口になってくれました。彼女はその時、雇われの校長先生であり、人事も彼女の責任だったのです。彼女の理論は明快でした。「外国人に職を与え、給料を払うということはできません。でも、子どもたちのためになるのなら、あなたの持っている『何か』を運んでくれる『交通費』にお金を払いましょう」

その当時のリベリア・ドルで私への「交通費」は、実はリベリア人の先生一人の給料と比較してかなり高額でした。私は、「交通費」として、相手が提示するどんな金額でも了承するつもりでしたが、私に支払われる交通費の実費が、リベリア人の先生の給与と比較してあまりに高額なのにはびっくりしました。それはさておき、この学校での経験は、私を教師としても一人の人間としてもきたえてくれました。授業の仕方でも、教材の扱い方ひとつでも、価値観の違いを克服することのなんとしんどいこと。自分の意見を述べるということに潜む、価値観の押しつけには細心の注意を払いながらも、私の持ち込む「何か」を具体的にきちんと伝えていく使命感もありました。

私のこの学校での最初の肩書きは、アカデミック・コーディネーター。まず、最初に取り組んだのはこの学校独自のカリキュラムの作成です。私立の学校なのに、公立の学校との違いを打ち出すカリキュラムが存在していなかったのです。どんな子どもを育てたいのかというイメージさえ統一されておらず、私立の学校として、保護者や児童に何をアピールすればいいのかという質問に、「格好のいいユニフォーム」という返事が返ってきてしまうのです。「価値観」の違いと言ってしまえば、それまでなのですが、その価値観の違う文化の中で仕事をするとき、どれくらいまで自分の「価値観」を相手に伝えていったらいいのか、などというお手本はありません。

学校の理事長へのインタービューや先生方との話し合いで理解できたのは、その頃のリベリアの首都モンロビアで、子どもを私立の小学校へ通わせたい親にとっては、学校の選択基準として「格好のいいユニフォーム」が確かに入っていたのです。親は、経済力の誇示として、自分の子どもたちを、一目でどこのものと判るユニフォームを着せて学校へ通わせるのが嬉しい、と正直に言うのです。もちろん、モンロビアにも伝統のある私立学校で、多くの外国人講師を雇い、大学進学率をアピールする学校もありました。ただ、一般的に月謝もそう飛びぬけて高くない、でも予算がまったくない公立の小学校よりもましといった程度の新設学校では、「私立へ通わせている」と言った親の見栄が優先されているようでした。

人びとが大切に思うことには社会的な背景があるのだ、ということをアメリカの大学で叩きこまれていた私は悶絶《もんぜつ》しそうでした。「ユニフォーム」が「教育内容」に負ける???　そんな馬鹿な、内容で勝負しようよ、という私の主張が空しく響きます。ただ、ゾー校長が私の声に耳を傾けてくれ、私の改革案に理解を示してくれました。しかし、彼女は私に現実をもっと把握するように、と言います。親の願いがユニフォームなら表面的にその願いに合わせろ、教育内容を充実することに異論はないけれど、それをメインに持ってきてもメリットがどこにあるのか、と言います。これには説得力がありました。そうか、教育において教師が一番大切にしたいことを、最重要項目として親におしつけることだけが能ではないのだ、と目からうろこが落ちたのです。迎合しながらも、最終的には自分のしたいことを通す、というのが彼女のやり方だったのです。彼女の考え方のしなやかさには脱帽しました。

私たちは、「価値観の違いを認め合おう」などと気楽に言ったり書いたりします。しかし、実際には自分がその圧倒的多数に対峙《たいじ》するたった一人の側である場合、そう簡単にはいかないのです。「認める」ということが納得する、ということであれば、「認める」ことが不可能な場合だってあるのです。でも、自分がその場に居つづけたいと望むのであれば、その自分と違う多数意見に屈服するしかないのです。たとえ髪の毛が抜けるほど悔しくても。でも、そうして自分の感覚とは違う現実を受け入れることで、相手のことも理解できるようになるし、また、自分自身の許容量も少しずつ増えていくような気もします。

さて、アカデミック・コーディネーターとして、先生方とともにレッスンプランなどを体系的に積み上げていき、目指す教育のあり方を一生懸命模索しているうちに、学校の理事長の方から、「副校長」に任命する、という突然の「辞令」が来ました。私の協力隊調整員の妻というリベリアでの滞在資格では公に引き受けるのは難しいところですが、公式にはどこにも届ける必要性もない、ということで引き受けてしまいました。これが、間違いの始まりでした。副校長とは、なんと、学費の取り立てから、脱走する子どもを追いかけること、「牢屋」と呼ばれる副校長室の長椅子の下に罰として押し込められた子どもたちを監視することなども含まれていたのです。そして、私の苦悩は、ユニフォーム代は支払えても、学費をねぎったり、支払いそのものをなしにしてくれ、と交渉する親との対応でどんどん深まっていったのです。今思えば、アカデミック・コーディネーターとしての私が、あまりにもがんばりすぎたため、副校長任命は、ゾー校長を除く先生方と理事長の苦肉の追い出し作戦だったのかもしれません。

世界には、いろいろな英語があることを私は理解していたつもりでした。ところが、それは、いわゆるアメリカとイギリスで話されている英語の違いの範疇《はんちゅう》を超えていなかったのかもしれません。リベリアへ来て、リベリア英語に接し、私はそれまでの自分が持っていた「世界の英語」への認識をさらに大きく広げる必要性を実感しました。英語は、アフリカだけでなく、アジアでも多くの国々で話されています。例えば、フィリピン英語、インド英語、シンガポール英語、香港英語があります。そして、アメリカ人でさえ、最初から理解できないのが「リベリア英語」です。とにかく、アクセントの位置も違い、語彙にも独特の歴史があるのです。

こういう場面に出くわしたことがあります。リベリアで活躍する青年海外協力隊の隊員が、アメリカの平和部隊（ピースコー）の隊員に「リベリア英語」の通訳をしてあげた、という愉快な状況です。青年海外協力隊や平和部隊のボランティアは、昼間の通常の任務とは別に、巡回の映画上映会などを催し、村の人びとの生活にとけこもうと努力していました。ある映画上映会でのこと、平和部隊のやや年輩の女性が、上映会に集まってきた人びとに「もう少し前に動いてくれませんか」とたいへん丁寧な英語でお願いをしました。しかし、人びとは微動だにしません。その女性はうろたえました。そこで、その側にいた青年海外協力隊員に向かって、「彼らには英語が伝わらない」と馬鹿にしたような態度をとったのです。

むっ、としたのはその日本人隊員です。彼は、すくっと立ち上がり、満員のお客さんに手で前に出てくるように促しながら優しく語りかけました。

“Dress small, Ya!”（ちょっと動いて）

するとどうでしょう、全員がズルズル、ズルズルと椅子と自分の体を動かしたのです。リベリア英語でDressは動くこと。Smallは副詞的に使われ、「ちょっと」ということです。このときのアメリカ女性の驚いた顔とちょっと照れていた日本人隊員の彼の笑顔が印象的でした。アメリカ人は当然のように自分たちの話す「英語」は本流で、亜流のような「リベリア英語」を一段ランクの低い「英語」と捉えてしまうところがあるので、自分の「英語」が通じなければ、「通じない」と結論づけてしまう傾向がありました。たとえ英語を母語として話す人間でも、即、英語を使った「コミュニケーション」につながらない場合もあるのです。

リベリア英語は、今から百六十年ほど前、アメリカ合衆国から解放された奴隷たちが建国した国、リベリアで話されている英語です。彼らはアメリゴライベリアンと呼ばれます。「奴隷貿易」によって、祖国から切り離された人びとが、アフリカの地で、先住民族を圧政による形で排除しながら、国の形を整えていったのは不幸なことでした。

アメリゴライベリアンたちが独占していた政府をクーデターにより転覆し、独裁政治を強いていたドウ将軍はもとからリベリアにすんでいた部族出身でした。ただ、ドウ将軍もあまりの独裁政治ゆえ、さらなるクーデターで倒されました。その後、リベリアの政権に返り咲いたのは、チャールズ・テイラーという、これまた別のアメリゴライベリアンです。彼は、一九九七年の選挙によって選ばれたリベリアの大統領ですが、いまだに政情は安定せず、リベリアに真の平和は訪れていません。

4 ＊モンロビアで楽しんだ外国人社会

青年海外協力隊調査員事務所の責任者としての夫の仕事には、青年海外協力隊のことをリベリア人にだけでなく、リベリアに滞在する外国人コミュニティにも知ってもらうという目的もありました。その頃は特に日本政府の援助には「顔」が見えない、と批判されていた時期でもあったので、私たちは積極的に外交の場に顔を出しました。当時夫は三十歳、私が二十八歳でした。

リベリアでの夫の社会的な役割が、リベリアにおける協力隊調整員任務所の最高責任者ですので、A head of an Agency ――ひとつの機関の責任者、となります。すると、知り合いが増えれば増えるほど、各国大使館や国連関係の機関からのパーティや行事への招待状が舞い込むようになりました。発展途上国で心楽しく生活しようとするのであれば、こういった場で知り合った人びとと、いかに気持ちよくおつき合いし、また必要な情報を交換しあうか、ということが大きな意味を持ちます。また、先進国の都会のように、文化的施設が充実しているわけではありませんので、娯楽といえば、お互いにそれぞれの家に集い食事を共にし、会話を楽しむ、というのが定石でした。

リベリア赴任当初は、大使館や国連関係の華やかなパーティへの憧れもあり、ルンルンとおしゃれをして出かけていました。各国大使館の大使や外交官とそのパートナーたち、リベリアの官僚、また国際的な企業、例えばモービル石油や大手航空会社の駐在員たち、そして国連などの援助機関の関係者たちとのおつき合いです。ところが、モンロビアのように小さな社会では、どのパーティへ行っても参加している人びとは同じ顔ぶれ、ということになります。つまり、昨日の会話をそのまま場所を変えてしているようなものです。当然のなりゆきでこういった公式のパーティ、レセプションにはすぐにあきてしまいました。

反対に、公式のパーティとは違う、各自の家庭に呼び合うおつき合いは楽しいものでした。何といっても、娯楽もない、信頼できるレストランも限られているモンロビアで、世界各国の家庭料理が食べられるのです。これは貴重な楽しみでした。また、外国での日本料理への関心はすごいものがあり、リベリアに来る直前まで日本に滞在していたというスペイン大使には、「日本から来ました」と言っただけで目の前でよだれを垂らされました。私は、アメリカの学生時代にケイタリングという形で日本食の出張食事サービスのアルバイトもしたことがあるので、大人数の料理は得意でした。

さて、料理するのはいいのですが、問題は日本食の食材の確保です。モンロビアは海岸沿いの街だったので魚は豊富です。あとで赴任したエチオピアでの苦労を考えると、モンロビアの食材確保はまだ楽な方でした。ただ、リベリアに赴任した最初の頃は、日本米の入手に奔走しました。ところが、あるところにはあるのです。私が利用させてもらったのは、アフリカの海岸沿いに停泊する日本の船からの「横流し米」でした。リベリアは、リベリア船籍というタックスヘイブンと言われる税制上の特権を船会社に提供することで外貨を稼いでいました。そのリベリア船籍を持つ日本の船がたまにリベリア沖に停泊します。すると、小船が出て、船の食料として積んでいるカリフォルニアで作られた「日本米」を、アフリカ在住の日本人や韓国人にこっそり売ってくれるのです。「これは、密輸なのかなぁ……」とチラリ心配もしましたが、協力隊員や日本食を楽しみにしてくれる人のためだ！　と思って、ありがたくお米を買わせてもらいました。当時、五〇ポンド(約二三キロ)入ったお米が二二米ドルくらいでした。この情報源は、リベリアで商売をしている台湾人女性でした。彼女に、「何々が欲しいんだけど……」と頼むと、どこからか必ず手に入れてくれるのです。とても頼もしく、いろいろな面で助けてもらいました。

いま私の手元にその頃のあるパーティで私が用意した「メニュー」があります。実は、私たちはリベリアの内戦を避けるために、めぼしいものは何も持てずにリベリアから緊急退去しました。いま、モンロビア時代のもので手元に残っているものが、その当時の混乱振りを現わしています。気が動転していたのでしょう。木の調理用スプーン(！)なんていうものをスーツケースに入れて帰ってきているのです。長男の出生証明書とか、私の書いた論文の類はみんな灰になってしまったのに。このメニューもどうして生き残ったのか不思議です。

そのパーティとは、私たちの結婚五周年のためのパーティでした。仲良くなった人たちにこういう案内を出しました。

"Please bring your advice for Marriage after 5 years !"

（結婚生活五年目以降のアドバイスを持ってお集まりください！）

アメリカ大使夫妻、英国大使夫妻、スペイン大使夫妻、元在日本リベリア大使夫妻など、私たちからするとかなり年配の人びとや、アメリカ人の援助関係の友人、国連の各組織の人たち、そしてもちろん、ガンタのデイビッドたちやボランティア関係の友人が集まってくれました。ディナー自体はバイキング形式でその日のために低いテーブルを作り、みんなで車座になりながらのパーティにしました。その時のアドバイスで印象深かったのは、ケニア人の国連大使と結婚していたデンマーク人の友人が、「いくつになってもユーモアを忘れずに！」と言っていたことです。

前菜・渡りガニのしょうゆにんにく風味のから揚げややベトナム風、野菜てんぷら
主菜・太巻き寿司（うなぎ・卵・きゅうり・スモークサーモン・ほうれん草）
　　きゅうりの酢のもの・ロブスター和え
　炭火串焼き三種・焼き鳥・牛肉・鯛
　豆腐と野菜のサラダ・ゴマだれ
　温野菜・ガーリックしょうゆだれ
デザート・手作り水ようかん・白玉入りフルーツ取り合わせ

総勢六十名くらいの人数でしたので準備に二日かかりましたが、料理は大好評でした。リベリアでは、リベリア人のお手伝いさんが二人と、フィリピン人の男性が家の仕事を手伝ってくれていましたので、準備もスムーズに進みました。

5 ＊ 支え合う女性たち

モンロビアで知り合った素敵な女性たちのことを紹介しましょう。モンロビアのように地理的にも人的にも非常に密接に重なりあって生活している社会は、窮屈《きゅうくつ》な面もありますが、便利な面もあります。窮屈な面は、東京のような大都会と違い、昼間の人間関係が夜にも引きつがれる、ということです。つまり、東京では、妻や夫の仕事上のつき合いは、よほどのことがない限り、お互いの人間関係には影響しません。ところが、モンロビアでは、夫や妻の仕事上の関係が仕事を離れた場所でも生きているのです。夫婦でつき合う場合も多いので、ややもすると、夫たちの上下関係をそのまま妻たちにも反映させたいと願う人もいます。私はそういう人たちとは距離を置くようにしました。便利な面は、夫のつき合いと妻のつき合いが倍々ゲームのように広がっていき友人関係が豊かになることです。途上国で生活するうえでこれは、情報の入手方法も広がるということになり、たいへん重要なことです。

キャサリン・ビショップさんは、アメリカ大使の奥様でした。彼女との出会いは、アメリカン・ウイメン・イン・ライベリア(AWIL)奨学金委員会です。この委員会はアメリカのご婦人が中心となっているボランティアの組織で、毎週一回アメリカ大使館の参事官の公邸に集まり、さまざまな手作りの手芸品を作ります。そして、クリスマス直前にアメリカンスクールの体育館を借りてバザーを開催します。その売上金をリベリア人学生の奨学金に使うのです。私は、週の別の日に開かれる奨学金委員会の活動にも精を出しました。これは、リベリア中から送られてくる奨学金希望の書類を整理し、応募者一人ひとりのファイルを作成し、提出成績を確認し、最終的に年間百名程度の奨学生を選出する、という気の遠くなるような作業です。私はこの作業にも熱心に通い、リベリア在住三年目からは、アメリカ大使館の人たちが長年務めていた委員長の役にまで就いていました。

キャサリンは聡明で、やさしく、そしてまったく奢《おご》りのない人でした。アメリカ大使夫人であれば、かなり特権的な意識が働いたって仕方がないような立場です。彼女のすごさは、自分自身もアメリカンキルトの作家であることなども手伝って、リベリアの奥地に眠っている「リベリアキルト」の伝統をきちんと記録に残そうと活動されていたことです。リベリアは、百六十年前にアメリカ合衆国の黒人奴隷が解放されてアフリカの地に新しく作った国ですが、その時、アメリカ南部の農園で脈々と受け継がれてきたアメリカンキルトが、リベリアの各地でひっそりと息づき、その技術が口承・実技で残されてきたのです。いくつかの村ではその図柄の保存に着手していたのですが、まったくそういう配慮がされていない村もあり、彼女はそれらのキルトの認知・保存に懸命でした。

この時、日本の大使の奥様でいらした益田薫《ますだかおる》さんもたいへん素晴らしい方で、キャサリンの活動を支援されていました。私は、彼女たちの姿勢に、夫の職業に左右されない自立した人格を見出しました。お二人ともさわやかで魅力的なおかつ親切、そして、何よりも信念がとおっていました。益田大使の奥様が協力隊員のための餃子を作ってくださり、その時、我が家のキッチンの床に大きなボールを置き、満身の力を込めてお肉をこねていた姿にも感動しました。彼女たちのパートナーが素晴らしい方々だったことも当然です。

産婦人科医のパトリシア・ディバイン博士は私の不妊症の主治医でした。彼女がいたから私はリベリアで長男を出産できたのです。彼女とは年齢もさほど離れていなかったので、治療をとおり越してとても親しい友人となりました。彼女の魅力は、権力に屈しなかった根性です。彼女は日本の援助で建設された、日本リベリア友好産婦人科病院の院長だったのですが、そのさらに上の組織であった大学病院の不透明な人事に真っ向から立ち向かっていました。でも、新聞に意見記事を載せる際の顔写真をどれにしようか、と迷う可愛い女性でした。途上国で、お上に逆らうという姿勢はとても珍しいことです。しかも、彼女は絶世の美女です。褐色の肌とさわやかな性格、そして切れるような知性とが上手くバランスをとっていました。

リンダ・シュースターは、アメリカ大使館の参事官の奥様でした。彼女の夫デニス・ジェットは、奇しくもペルーの日本大使館がゲリラに占拠された時のアメリカ大使に転任されていました。ニュースで彼の名前を聞いてびっくりしました。さて、彼女も傑作でした。元々ばりばりのジャーナリストで、デニスと結婚するまで、かのウォールストリートジャーナルの花形記者だったのです。その彼女がリベリアで熱心に取り組んでいたことに私はつくづく感心していました。もちろん、ジャーナリストとして、リベリアの政治や経済に関して鋭い意見を持っていました。でも、彼女ががんばっていたことはそれだけではなかったのです。

彼女は、私も含めた数人の女性を集めて「話し合いグループ」を作ったのです。使う言語は英語、でも参加していたのは、アメリカ人三~四名、日本人一名、イタリア人一名、リベリア人一名くらいでした。自分のことを語る、人の話を聞く、ただそれだけです。悩みがある人が話す順番のとき、アドバイスを求められれば懸命に考えましたが、それ以外はとことん話を聞くのです。毎週、忙しいスケジュールをぬって、持ち回りの家に集まり、お茶や簡単なケーキを食べながら、その週の担当の仲間の話を聞きます。半生の話であったり、幼い頃に体験したせつない記憶のときもありました。初め、私はリンダ個人への興味からこの会に参加していたのですが、次第に心を解放していき、自分の考えを熱心に聞いてもらうことの心地よさに目覚めました。他のメンバーも同じ気持ちのようでした。このグループで体感したことは現在の私にも大きな影響を与えています。それは、人はどんな「よろい」を着ていようと、暖かく受け入れて、話を聞いていくと、必ずその「よろい」は自然に脱げるのだ、ということです。リンダは、このグループをとても大切にしていて、公務でどうしても出席できない時など真剣に悔しがっていました。リンダは、私のように夫のリベリア勤務に同行するために自分の仕事を中断してきた妻たちの心をほぐそうとしていたのでしょうか。今度再会した時に、彼女のあのグループの目的を聞くことにしましょう。

私たちが緊急退避しなければならなくなったリベリア内戦勃発の第一報は、リンダからでした。そして、リンダの電話に間髪を入れず、この「話し合いグループ」や「奨学金委員会」の女性の仲間からも、「日本の若い隊員たちは大丈夫?」という心配の声とともに、どんどん情報が入ってきました。夫もこの情報をアメリカの平和部隊の責任者から一番最初に聞かされました。その頃、私たち以外の日本人社会にはこの情報が届いていないこともわかり、途上国で、いかに他の人びとと密接な人間関係を築いていくことが大切か、ということを思い知らされた象徴的な出来事でした。

6 ＊ ありがとう・長男出産

私は、長男をリベリアで出産しました。その顚末《てんまつ》は、彼の十歳の誕生日の記念として、本人あてに書いた手紙に詳しく記しました。これは、彼の小学校の「性教育」の授業で、母親に課せられた宿題でした。十歳は半分成人式というそうです。

寛慈《かんじ》の半分成人式記念日に

寛慈が生まれたのは日本ではなく、西アフリカにある、リベリア、という国です。「寛慈が生まれました」という嬉しいお知らせのカードをお父さんとお母さんの友達に出しました。

その文面にはこう書きました。

Please Welcome Kanji Yoshimura, born on May 20, 1989.
On his every embarkation card, he will proudly write Monrovia, Liberia as his place of birth along with his Japanese nationality.

日本語の意味はこうです。

一九八九年五月二十日に誕生した吉村寛慈《かんじ》をどうぞ皆さんの仲間に入れてください。
将来、外国への入国手続きに出生の場所として、
リベリア国モンロビア市、
ということを日本の国籍とともに誇りを持って書き入れるでしょう。

寛慈がどうしてリベリアで生まれたかということを説明します。寛慈のお父さんは、はってんとじょうこくと呼ばれる国々で、日本の若い人たちにその国のためになるよう働いてもらう仕事をしています。これは、せいねんかいがいきょうりょくたい、と言います。寛慈が生まれる二年くらい前から、お父さんはリベリアできょうりょくたいのお兄さんお姉さんたちの事務所のちょうせいいいんをしていました。

お母さんは、お父さんといっしょにリベリアへ行っていました。毎日楽しく暮らしていました。お母さんは仕事もしていて、リベリアの小学校で教頭先生をしていました。そして、ずーっと「自分の赤ちゃんができるといいな」と思っていました。でも、お母さんは、「ふにんしょう」といわれる、なかなか赤ちゃんができない病気でした。その時、助けてくれたのは、リベリアの女のお医者さんと、お母さんの友だちのだんなさんで、日本のお医者さんのまつざわさんです。まつざわさんが日本から送ってくれたかんぽうの薬をのんだり、ちりょうを受けたりしたら、ついに赤ちゃん(寛慈)がお母さんのお腹にきてくれました。お母さんとお父さんは最高に嬉しかったです。お母さんは、赤ちゃんがけんこうで生まれてきてくれるように、毎日一キロも泳ぎました。泳ぐことをお仕事のように考えてがんばりました。

その時、お母さんの仲のいい友だちで、カナダ人のウェンディ、という人がいました。ウェンディもお腹に赤ちゃんがいました。二人で、一生懸命泳ぎました。だって、リベリアのモンロビア、というところは、毎日毎日とても暑いのです。散歩は朝と夕方の涼しい時にしかできません。そして、暗くなると「マラリア」という恐ろしい病気をうつす蚊がいるから、なるべく外に出ないようにしました。ある日、ウェンディが聞きました。「赤ちゃんどこで生むの？　私はカナダで生むつもりよ」お母さんはあまりまようことなく「リベリアで生みたい」と言いました。すると、ウェンディや他のお友だちが大反対しました。その理由は、リベリアは、日本やカナダのように病院のいりょうせつびがよくないから、ということです。みんなは、お母さんの友だちだから、お母さんがどんなに赤ちゃんの生まれることを楽しみにしていたかも知っていたので、そう言ってくれたのです。

お母さんとお父さんは話し合いました。お父さんの仕事の一つで、リベリアのいなかの村にじょさんぷさんと呼ばれる、日本人のお姉さんをおくることもありました。じょさんぷさんは赤ちゃんの生まれるのを助ける仕事をします。それなのに、お母さんは、リベリアの人じゃないから日本へ帰って赤ちゃんを生む、というのはちょっとひきょうじゃないかなという気がしていました。お父さんは、「お母さんがそう思うのならリベリアで赤ちゃんを生めばいい」と言いました。お父さんは「かちく」のことを大学で勉強していたので、「牛ややぎの赤ちゃんを生ませるのが得意だから、人間も大丈夫」と言いました。お母さんは、その時、「馬ややぎとはちょっとちがうんだけどな」と思いましたが、でも、大丈夫、というので、安心して赤ちゃんをリベリアで生むことを決心しました。

正直に言うと、そう決心した後も、心配なこともありました。一番の心配は、もし、赤ちゃんが生まれてきたとき、何かの病気があって、日本やヨーロッパの病院だったら大丈夫だけど、リベリアの病院ではだめだった、という場合のことです。そういうことになったら、生まれてくる赤ちゃんに申しわけないな、と思いました。でも、お母さんとお腹の中の赤ちゃんの健康を調べに日本まで行ったときも、日本のお医者さんが大丈夫、といってくれたので安心しました。あとは、赤ちゃんが生まれてくる日まで、お母さんがけんこうに気をつけるだけでした。だから、毎日の水泳も楽しかったです。

赤ちゃんが生まれる日がいよいよ近づいてきました。すると、あれれ、たいへん、びょういんのベッドが空いていない、というのです。モンロビアは病院の数が少ないから、手術がひつような時は、お医者さんが、「これこれこういう病気の人が手術室がひつようですから何日の何曜日、何時間くらい使わせてください」と病院にたのみにいくのです。お母さんのお医者さんは、パトリシア先生という人でした。そのパトリシア先生が、お母さんに「ウ～ンなかなか部屋が空きません。まだ生んじゃだめよ！」と言いました。やれやれ、やっと部屋が空いたのは、もう生んでいい頃から四日目でした。間に合いました。そして、部屋が取れたのは、今から十年前の五月二十日、土曜日でした。お母さんは、その日は朝からおにぎりのお弁当を作って、大きなお腹で病院に行きました。すると、パトリシア先生は、「食べ物はだめよ。途中でしゅじゅつになったらたいへんだから」と言いました。

お母さんはおにぎりを食べられなかったけれど、お父さんとパトリシア先生はお腹がすいた、と言って、お母さんがウンウン痛がっていた時においしそうにおにぎりを食べていました。お父さんは、「そうだ！　車にやきとりのカンヅメがあった！」なんて言って、まるでピクニック気分でした。パトリシア先生も、もう何回もお父さんとお母さんの家に来て、日本食を食べていたので、おにぎりも「おいしい、おいしい」と言っていました。

お母さんは、病院の部屋のつごうで、赤ちゃんをその日に生まなくてはいけませんから、赤ちゃんが「外に出てきたいよ」と感じるようなちゅうしゃを打たれました。すると、三十分くらいして、お腹がものすごく痛くなってきました。でも、ずーっと痛いのではなくて、とちゅうで痛くなくなり、平気になる時もあります。パトリシア先生が、「痛くなる時と痛くならないときの間が二分くらいになったらまた来るね」と言って、きんきゅうれんらく用の無線機を持って、別の患者さんがいる別の場所へ行ってしまいました。その頃はけいたい電話がまだなかったから、パトリシア先生はなんだか「スパイになったみたい」と喜んでいました。

寛慈がお母さんのお腹から出てきたのは、お母さんのお腹が痛くなるのが始まってから五時間三十分くらいたってからです。ものすごく長く感じたけれど、日本の他のお母さんたちと比べるとそんなに長くないそうです。いよいよ生まれる時はしゅじゅつ室に入るのですが、その前は今にも生まれそうな他のお母さんたちといっしょの部屋です。他のリベリア人のお母さんたちはそのウンウン言っている時間がものすごく短い。だいたいみんな二時間くらいです。ずいぶん日本人とちがうなぁ、と痛みがこない間、思っていました。寛慈は、生まれたとき、四〇八五グラムも体重がありました。大きな大きなそしてとても元気な赤ちゃんでした。生まれたその日から、うつぶせにしていると頭を持ち上げる、本当にけんこうな男の子でした。パトリシア先生や他のアメリカ人やデンマーク人のお友だちがみんなびっくりするくらいでした。

リベリアのびょういんは赤ちゃんを生んでから、二泊しかいられません。三日目の朝、車で家に帰りました。日本とリベリアの最大のちがいはこれかも知れません。日本は赤ちゃんとお母さんが最低でも一週間びょういんにいます。でも、これでおどろいていたらいけません。退院した次の日には、生まれてから三日目の寛慈を「けっかく」というびょうきにならないためのよぼうちゅうしゃにまた同じびょういんへつれて来ました。

この寛慈への「半分成人式」の手紙で、いちばん伝えたかったことはこれから書く事です。寛慈も知っているとおり、お母さんは「えいご」という外国のことばを教える先生です。だから、お母さんは、おくりものの中で、「ことばのおくりもの」が一番うれしい。お母さんがこれまでもらった「ことばのおくりもの」で最高にうれしかったのは、実は寛慈をリベリアで生んでいなければもらえなかったのですよ。お母さんたちがリベリアで住んでいた家は海のすぐそばにありました。海の近くには、野菜やくだものを売る広場もありました。お母さんはいつもその広場で野菜やくだものを買いました。リベリアは貧しい国です。でも、仕事がちゃんとあって働いている人たち、例えば学校の先生やトラックの運転手さんたちはいいくらしができます。日本の家よりずーっと広いところに住んでいる人たちだってたくさんいます。でも、仕事がない人たちはとてもたいへんです。モンロビアの町中にも仕事がなくて、道ばたで「お金をください」とたのむ人たちもたくさんいます。でもね、赤道のすぐそばのアフリカの国だから一年を通して「寒い」と感じるときはありません。たとえ、道で寝ていても凍え死ぬことはないからみんなそんなにつらそうではありませんでした。そんな道ばたで生活している人たちも、なかなか楽しい人たちで、毎日散歩や買い物をしていると、「顔見知り」になって、必ずお母さんにおつりや細かいお金をねだる人もいました。

寛慈が生まれて二週間くらいがたちました。そろそろ気分てんかんでもしようと思って、お母さんは、くだものを買いに広場まで出かけました。すると、どうでしょう。いつも笑いながら「マダム、おつりをちょうだい」とにこにこしているおじいさんや、足が一本ないお兄さんたちが、しんけんな顔をして、「マダム、ありがとう」というのです。みんないつもは道に座りっぱなしの人もいるのに、その日はちゃんと立って、自分たちの洋服で手をきれいにしてからお母さんの手をとって、握手しながら「マダム、ありがとう」というのです。しばらく、お母さんは何がなんだかわかりませんでした。だって、その日はまだ誰にもおつりのお金をあげていなかったし。

「ありがとう」が「赤ちゃんおめでとう」なんだ、と気がついたのはそのすぐあとでした。大きなお腹のお母さんが散歩するのをみんな見て知っていたし、しばらく姿が見えなくなったのもきっと知っていたのでしょう。そして、みんなの前にぺちゃんこのお腹でまた現れれば、これは、「あっ、赤ちゃんが生まれたんだ」と分かりますね。

リベリアは、赤ちゃんが生まれてもびょうきやけがで死んでしまうことが多いから、赤ちゃんが生まれると「おめでとう」という代わりに「赤ちゃんを生んでくれてありがとう」とお祝いのことばを言うのです。そういって、赤ちゃんを生んでくれたお母さんたちに感謝をきちんと伝えるしゅうかんがあるのです。それに、お母さんが外国へ行かず、リベリアで寛慈を生んだこともとてもよろこんでくれたみたいでした。

お母さんはこの「ありがとう」のことばを聞いて、ほんとうにうれしかった。今までで、一番うれしい「ことばのおくりもの」でした。そして、これは、寛慈をリベリアで生まなかったら決して聞けなかった「ことば」だと思いました。寛慈をリベリアで生むことに心配はあったけれど、そう決めて本当によかった、と思いました。これは、リベリアで寛慈を生むことにしたお母さんに対することばの「ごほうび」なんだな、と思いました。そして、元気に生まれてきてくれた寛慈にも心から「ありがとう」です。

寛慈のいま住んでいる日本はきれいで、びょういんもお医者さんもたくさんで、とても恵まれています。でも、世界はそういう場所ばかりではありません。生まれてから一回もおいしゃさんに見てもらわないで死んでいく人もいるし、げりをしただけで死んでいく子どもや赤ちゃんもいます。はしかだって、多くの赤ちゃんの命をとっていってしまう。でもね、そういう国でも場所でも、寛慈と同じような子どもがいるし、お父さんやお母さんのような大人がいます。寛慈が日本人のお父さんとお母さんの子どもに生まれたのは本当のぐうぜんです。もしかしたら、寛慈はリベリアの子どもに生まれてきていたかも知れなかったんですよ。だから、どの子もどの大人もみんな同じです。そして、同じ人間なのに生きていくことにあんまり不公平があるのはおかしいよね。だって、げりやかぜをひいたくらいで誰だって死にたくないです。お父さんとお母さんはそういう不公平なことを少しでもなくそう、と思ってお仕事をしています。

寛慈の「半分成人式」にこのお話を書く事ができてとてもよかったです。寛慈にはいつかしっかり聞いておいてもらおうと思っていました。寛慈が生まれたのはリベリア、というアフリカの国です。そして、寛慈が生まれた時、寛慈のおじさんでもおばさんでもないけれど、寛慈が生まれたモンロビアという街でおなじように生きていた、たくさんのリベリアの人たちが、寛慈が生まれたことをすごーく喜んでくれていたんだ、ということをずーっとおぼえておいてね。

平成十一年五月二十日
新緑のあきる野市菅生で
まだ内戦の傷がいえない
リベリアの友人たちを想いながら

寛慈とベビーシッターのマータ（後列右側）

第6章

帰ってきた日本でみた英語教育

東京の公立小学校で出張授業をする著者

1＊リベリアから日本へ帰る

リベリア内戦が激化してしまい、一九九〇年五月には、外国人住民の国外退避が始まりました。夫や大使館の職員は現地に残って情勢を見ることになったものの、それぞれの家族は国外退避となり、飛行機のキップの手配に右往左往しました。夫が苦労したのは、自分たちの周辺ではまったくきな臭いことが発生していない協力隊員たちを安全のためにモンロビアに集合させたり、日本へ帰国させたりすることへの説得でした。現在の仕事に満足してやりがいを持っている隊員であればあるほど、いきなり「危険」だから任地を離れろ、と言われても納得できません。かなり不満をぶつけられていましたが、夫の使命は、全員を無傷で日本まで帰国させることでしたので、安全が確認されるまで自分たちの任地へ戻ることは絶対許可しませんでした。

結局、全員が日本へ帰国となりましたので、彼のあの時の早急ともみえた隊員の任地からの引き上げは、正しい判断だったようです。実は、彼は緊急時に強い男なのです。非常事態や危機に陥ったとき、かなり的確な判断を下します。そして、責任を人に転嫁しませんから信用できます。本当に途上国勤務の申し子のような性格と体力の持ち主です。でも、反対に、日本のようにほとんど毎日が平和な国では、彼の能力はあまり活かせないのかも知れません。私は結婚してもう十五年になりますが、寝ている時と本を読んでいる時くらいしか、彼が同じことを五分以上している姿を見たことがありません。常に十個くらいの「仕事」を抱えて、あっちこっちそれはそれは忙しく動きまわっています。

もしかしたら内戦が終結し、数か月で新政府が樹立され、援助活動が復活するかもしれない、という事態も考えられたので、私は生後一年の長男とともに、第二の母親のように彼を可愛がってくれたリベリア人のマータを連れて、ロンドンにしばらく滞在することにしました。この滞在はケニア人の国連大使アドリュー・オデロ博士と結婚されていたデンマーク人のエバ・オデロさんと彼らの長男クリスチャンが一緒でした。私とエバは奨学金委員会を通し、最も親しい友人になっていました。緊急滞在となったロンドンは物価が高いので、一緒にアパートを借りることにしました。ところが、ロンドンの物価、特に住居費は想像以上に高く、一週間で五五〇ポンド、日本円で当時十万円もします。そこで、彼らの長女が当時、ベッドフォードというところの寄宿学校にいるというので、一緒にその街へ移ることになりました。ロンドンから電車で一時間くらいの、静かな街でした。

そこでは一軒家を借りましたが、一か月の賃貸料が約四〇〇ポンドですみました。後から聞いた話ですが、この新しく越してきた「家族」は近所の注目の的だったそうです。そりゃあそうでしょう。家族構成に何の共通項もないのです。白人女性のエバ、彼女の息子のクリスチャン、彼はほれぼれするくらいの混血の美少年です。そして、リベリア人女性のマータに日本人の私と息子の寛慈です。成人男性の影はないし……。いったい、どういう人たちなんだろう、と噂されていたようです。

ところが、この街でいつも元気なマータがやや沈みがちになりました。理由をたずねると、英国人の話す英語が恐い、というのです。思わず聞き返すと、みんな同じように話すから、みんなと違う英語を話す自分の英語は場違いのような気がする、と言います。確かに英国の小さな田舎町ですので、マータの話すリベリア英語を理解してもらえず、彼女はすっかり自信をなくしていました。モンロビアでは、近所数十軒を仕切るほどの元気なマータがです。教師としての私は、このマータの意気消沈ぶりにたいへん心を傷めました。人間が言葉でコミュニケーションをとるということは、自分が認められている、という「安心感」が絶対必要なのだということを再認識したのです。寛慈のベービーシッターというよりは、私のもう一人の子どものようになってしまったマータを励ましながら、ベッドフォードを毎日散歩しました。モンロビアのきな臭い空気に思いをはせながらも、ベッドフォードには初夏の気持ちのいい風が吹いていました。

結局、私たちの奇妙な共同生活は一か月で終わりました。内戦がさらに激化し、夫も、日本大使とともに、最後の定期便でモンロビアを出る、という電話が入ったのです。ロンドン経由で迎えに来てもらい、私たち一家は日本へ帰国することになりました。マータには、どうするかを選んでもらいました。日本でもリベリアでも彼女の選択に任せる、と伝えました。彼女は、日本へ一緒に行きたいけれど、自分の家族を見捨てるわけにはいかない、と言いました。空港へ送っていく途中、気の強い元気なマータに突然、号泣され途方に暮れました。いつか会えるから……と言うのが精一杯でした。マータとはそれ以来連絡がとれていません。

こうして、私たちは無事日本に帰ってきましたが、援助する側に立つ人間とそれを受けてくれる人びとの関係で、彼らがもっとも助けを必要としている時に、安全な日本へ逃げてきた、という意識が私を苦しめました。めったに落ち込むこともなく、また立ち直りが早いことが自慢だったのに、日本へ帰国してからの私は、かなり滅入っていました。

生命の安否さえ確認できない友人を思いながら帰ってきた私が見たものは、あふれんばかりの物資に囲まれた日本でした。何事もなく一日が過ぎていくことを当然のことと信じている多くの日本人。その反対に、話す方言が違うだけで反政府系の部族出身とみなされ、家を追われるリベリアの友人。一生懸命働き、おいしい食事を友人と囲み楽しく時間を過ごすことが大好きなリベリア人たち。こんなささやかでつつましい人生の喜びが、ただ生まれた場所が違うだけで無条件に奪われてしまうのはどう考えても不条理です。また、圧倒的に恵まれているはずの日本人が、自分のちょっとした不利益に目くじらを立て怒ったり、幼い子どもの母親がわが子を公園でうまく遊ばせられない、といって自殺したりという、信じられない現実が目の前にありました。私は、どうしていいかわからない絶望感に襲われました。どちらの不幸にも私は足元から揺さぶられている気持ちでした。

そのころの私は、家事を朝の早いうちに終えると、一歳になったばかりの長男を自転車にのせて、あてもなく出かけていました。街の粗大ゴミの散乱を見ては、買うものがない戦争状態のリベリアを思って涙を流し、デパートの子どもの遊び場に、買い物の間中子どもを置き去りにしている親に激怒しました。

そんな私を立ち直らせてくれたのは、半年ほどたった頃に届いたゾー校長からの手紙でした。手紙には、彼女の夫や子どもの死、安全な場所を求めての決死の夜間の山歩きなどが報告されていました。彼女のたくましさ優しさに触れて、私は私ができることでゾーやマータを救いたい、と心の底から思いました。それは、英語を子どもたちに教えて、世界の紛争から目をそらすことなく立ち向かえる日本人を育てることだ、と確信したのです。この決意から、私の人生はまた急展開をし始めたのです。

ゾーの手紙は、彼女そのものでした。おおらかでユーモアたっぷりのたくましいアフリカの女性です。最後の部分を紹介します。

「戦争も悪いことだけではないわよ。決死の山歩きのおかげで、十年来の私の願いだったダイエットに成功！　なんと五〇パンド(二三キロ)も痩せました。嬉しい！」

日本を見てみたい。子どもたちがきちんと守られている国を見てみたい、日本の先生たちと話がしたい、と話していたゾーとも連絡が途絶えたままです。

寛慈とゾー校長

2＊おかしいぞ、日本の児童英語教育

日本の子どもに英語を教える、ということが私の中で、一挙に現実味を帯びてきました。リベリアから帰国して、とことん落ち込みましたが、ゾーの手紙に励まされ、「これではいけない、私は私のできることで友人たちのためになろう」という決心にたどり着いたのです。本来の私の姿が復活しました。

日本の子どもたちに英語を教えよう、そして、その中から一人でも多くの子どもを、世界で起こっている明らかな人権侵害や戦争、差別、といった不正義に対して、自分の言葉で問題解決に直接寄与できるような人間に育てたい、という思いがむくむくと沸き上がってきました。私は、英語教育の研究者でもあり、実践者でもあります。ただ、この時の私は、自分の中では明確な「英語を教える」ということが、日本の現実の「英語教育」からかなりかけ離れていることを理解していませんでした。

まずは実地調査をと思い、さまざまな児童英語関連の本を読んだり研究会へ参加して、びっくりしました。そのほとんどが、いわゆるきれいな発音を聞いて、それを繰り返すといった、一九七〇年代

に流行った手法がまだ延々と行われていたのです。噴飯《ふんぱん》ものだったのは、「異文化」を取り扱っています、という謳《うた》い文句のところのほとんど全部が、異文化イコール欧米という図式をかたくなに守って崩さないのです。異文化とはハロウィーン、クリスマス、イースター……、という具合です。

「どっどうして？　意味の伴わない繰り返し練習は、もうとっくの昔に否定されているのに……」

「異文化は欧米文化だけじゃない！」とショックを受けました。

ところが、こんなことでショックを受けている場合ではなかったのです。研究者として一番困惑したのが、英語を母語として話している人びとに囲まれた環境、例えば英国や北米で移民した人たちが英語を学ぶ、いわゆる第二言語として英語を教えるときの教授法が、まったく異なる環境の日本で、「憧れのアメリカ英語」といった感覚で喜ばれていたことです。

「ちょっと待ってよ！」と叫びたい気分でした。そこには、日本人が日本人として英語をどう捉えていくか、といった問題提起もなければ、数々の教授法の中からその子どもたちの個性にあった手法は何であるとかの議論も欠落していたのです。それに、これらの本や研究団体では、「Be 動詞はこう教えましょう」に代表される、テクニックの伝授に明け暮れていて、「何のために英語を教えるのか」という理念を堂々と訴える人に出会わなかったのです。大人のための英会話学校も夢もロマンもなく、チケット制や前金制と、受講料金の体系をどうすれば生徒を引きつけられるかに明け暮れていました。

東京に本部がある大手の子ども向け英語教室の広告を目にしたとき、心にひっかかりが生じました。ここは、ドラマ形式で英会話を教えることを売り物にしています。もちろん、形式として「ドラマ」

を用いるというのは欧米でも実践されていて、とくに新しいことではありません。成果があがっている様子も見聞きしています。ところが、この教室の宣伝文句に「買い物だってドラマで学べる」というものがあり、その会話がこう記されていたのです。

"Give me 5 bananas, please!" (バナナを五本ください)
"Here you are!" (はい、どうぞ)
"Thank you!" (ありがとう)

一見楽しげな「会話」です。でも、英語の教師として、私はその扱う内容に大人の頭の中で作りあげた、現実にはありえない場面を使うのはいけない、という主張を持っています。考えても見てください。日本や欧米の子どもたちは、どこでばら売りのバナナを買うのでしょう。バナナは房で買わないですか？　暖かい土地柄の途上国では、バナナは確かにばら売りされています。ただ、いっぺんに五本もバナナが買えるほどの経済力のある家庭の子どもは、まず買い物には行きません。メイドさんたちが買い物をするのです。すると、「バナナを五本ください」という会話は地球上のどこでも「会話」として実際に使われる可能性が極めて低い、ということになります。私は研究者としても実践者としても、ありもしない場面を子どもに教えるのはいやです。

ひとしきり怒ったあとで、落ち着いてみると、私は運命を感じ始めていました。これまでに私が知り合った友人たちの「エネルギー」を背中いっぱいに感じたのです。私がポートランドで、コペンハーゲンで、ニューヨークで、駒ヶ根で、そしてモンロビアで、ベッドフォードで、人びとがあんなにも私に親切にしてくれ、食事を振る舞ってくれ、悩みを聞いてくれ、励ましてくれ、友達になってくれたのは、私に日本の英語教育を改革しなさい、という下準備をしていてくれたのだ、と不思議なほど合点、納得してしまったのです。私は、私と私の友人たちを繋いできてくれた「英語」の本来の意味や目的を明確にして、日本の子どもたちに「世界の人と人をつなぐことば・英語」を教えていこう、と決意したのです。

そう思えばあとは実行するだけとなりました。日本の通常の手順であれば、どこかの組織に入り、実績を重ね、そろりそろりと主張を通していく、というのがいいのでしょう。ところが、既存の組織に私が納得するところがなかったのです。ならば自分で始めてしまおう、と思い立ちました。まずは私の考えている日本の子どもたちのための「英語教育」に説得力を持たせるため、とにかく子どもを集めて教えてみることにしました。

おあつらえ向きに、リベリアから帰国して住んでいた八王子の国際協力事業団職員住宅が入っているマンションの一階に、C&Sコミュニティというカルチャースクールがありました。「子どもたちに英語を教えたいのですが……」と申し入れると、「こちらも子ども英語教室を開催したいと思っていました」とうってつけの話です。半年の準備期間をおいて、一九九一年四月から、私は国際理解教育を基盤にした英語と、いわゆる一般的な英語を隔月交代という形で教え始めました。

3 ＊ 子どもが分かる内容の違い

国際理解教育を基盤にした英語と、いわゆる一般的な英語を隔月交代という形で教え始めた理由は、実際に子どもを二通りの教材で教えてみて、自分でもその長所・短所を確認しようと思ったのです。当時の記録が残っています。大体一か月をめどにテーマを変えています。

●一般的なテーマ

新しい友達にこんにちは Meeting New Friends
夏休み Summer Vacation
オバケが来た！ Here comes Ghosts
メリークリスマス！ Merry Christmas!
交通安全 Traffic Safety

●国際理解教育のテーマ

アフリカ Africa
ヨーロッパ Europe
アメリカ合衆国 USA
アジアの国々 Asian Nations
海外の友達を作ろう Making Friends Overseas

現在私が複数のスタッフと制作しているものと比べると、非常に大雑把《ざっぱ》なテーマの取り上げ方です。もちろん、試験的にしているせいもあるのでしょう。とにかく、表面的な事柄だけでなく、視野を広げてくれる可能性をもったテーマで「英語」がどう関わっていくかを子どもたちに見せていこう、という趣旨でした。

四月の最初のレッスンでは、「新しい友達にこんにちは」というテーマで、とにかく、子どもたちの仲間作りに時間をかけました。普通の英会話教室であれば、一番初めに人に会う時は、"How do you do!"と言いましょう、と導入されてそれを繰り返します。教科書に頼る授業であれば、教科書の中に子どもたちのイラストが表われ、握手でもしている「欧米」の習慣がさりげなくではありますが、押しつけられていたりします。でも、それではおもしろくないのです。

また、日本の子どもたちは、初対面でどんな対応をしたらいいか、というような社交的な習慣は日本語の世界でも学んできていないのです。現代日本の社会は、子どもを「弱者」として、徹底的に庇《ひ》護《ご》します。よって、子どもに自然な初対面の「あいさつ」をされてしまうと、かえって奇異な感覚さえ大人は感じてしまいます。しかし、だからといって、欧米のように日本の子どももしっかり初対面でもあいさつをしなくてはいけない、と子どもを欧米式のマナーに追い立てるのも見当違いです。多くの英会話教室で私が違和感を抱いたのは、この「欧米」の価値観・マナーの押しつけです。

「新しい友達にこんにちは」というテーマで子どもたちが実際に学んだのは、自分はこういう名前で、こんなことが好き、ということです。先生の私を中心にして、全員が車座になり、ボールをひとつ用意します。そのボールを持った人間が自分の名前や自分の好きな食べ物、飲み物などを言っていきます。言い終わった子どもはボールをぽんと投げて、そのボールを取った次の子どもがまた名前などを言います。

"My name is Mariko. I like bananas."（私はマリコ。バナナが好き）

何回もボールがぽんぽんと教室を跳ねるうちに、子どもたちもお互いの名前や好きな食べ物などの情報が判るようになります。これは、一般的なテーマではありますが、内容的にはかなり、国際理解教育の概念を取り入れています。こうした自己表現は、国際理解教育の自己尊重感を育てるためのものです。それなので、いくら一般的な事柄を国際理解教育と対比させようとしても、おのずから授業は、国際理解的な要素を多く含んだものになってしまいました。

さて、子どもたちの反応は正直でした。一年を終えた段階で、アンケートをしてみました。一年間を通して、自分がもっとも楽しんだテーマは何か、というアンケートです。集計してみると、圧倒的に国際理解教育のテーマに人気が集まったのです。特に人気が高かったのは、アフリカやアジアのテーマでした。知らないことを楽しく学んでいく、というのは人生の醍醐味《だいごみ》です。子どもたちはよく分かっているのです。いままでの英語教育は、とにかく、あらかじめ知っていることを「英語」で再確認することがほとんどでした。それでは、子どもでなくてもあきてしまいます。語学は継続的な学びが必要です。そのためには、生徒一人ひとりが、学んで楽しい、といった肯定的な感情を持つことができないと駄目なのです。

アンケートの結果に気をよくした私は、さっそく、国際理解教育を柱とした英語教育をもっと多くの先生方に広めるよう、講習会の計画を立てました。私の記念すべき第一回目の講習会は一万五千円という、児童英語界では破格に高い講習費を設定しました。これは、児童英語界に、「教える」ということにもっとプロ意識を持とう！　という私の心意気を示すことも含んでいました。でも、お昼に会席風弁当つき！　としたように、私の方にもおっかなびっくりの面があったのも事実です。

4 ＊電話帖にのらない仕事？

英会話を教えていて、ふと立ち止まることはありませんか？自分の教え方は正しいのだろうか？　もっと子どもたちの興味を引きつける上手な導入の方法はないのだろうか？　手軽なゲームでお茶を濁しているのではないだろうか？これらの疑問は、誠実な教師であろうと考えるとき、際限なく湧き出してくるものです。

この文章は、一九九二年の第一回のグローブ・インターナショナル・ティーチャーズ・サークル（GITC）の英会話教師向け講習会の案内に載せたものです。この冒頭の投げかけにつないで、この講習では日本人の教師が現在の日本で、日本に住む子どもたちに、どういう形で英会話を教えていったらいいのだろうか、という質問に答えていきます、と書きました。さらに、最後の部分ではこう結んでいます。

「国際理解教育を英会話の授業の中に反映させて、英語の〝言葉〟を習うだけでない、新しい〝国際コミュニケーションのための英会話教室〟に、あなたの英語教室を変えてみませんか？」

この第一回の講習会に参加してくださったのは十二名の方々でした。不思議なもので、現在のグローブ・インターナショナルを支えるメンバーの半分以上がその時以来のおつき合いです。さて、この十二名は、皆さん長い年月ご自宅で英語を教えている方が多かったようです。それぞれが相当の経験をお持ちでしたが、集まった意見を集約してみると、「英語を教えてきて、導入期はいいが、その後、何をしたらいいか分からない」という意見が圧倒的でした。子どもたちも最初の一～二年は楽しくて通ってきてくれるが、それ以上は継続しない、続いても中学英語の先取りをしなくては親の期待に沿えない、という実情への不満もありました。

この講習会で私が訴えたのは、「何のために」英語を教えるのか、ということをはっきり自分で考えてください、ということでした。その目的がぼやけていると、説得力のある内容で「英語」は教えられないのです。例えば、学校のテストでいい点をとるための指導方法とコミュニケーションをとるための英語の指導方法はまったく異なります。私の意見として、「人と人とがつながっていくための言葉」として英語を教えるのであれば、その内容の基礎は「国際理解教育」が最適である、ということを実例を示して伝えました。

私がこのグローブ・インターナショナルという組織を立ち上げようとしていた時、やはり英語教育の専門家である何人かの友人に相談しました。しかし、全員が「やめておけ」と言います。その理由とは、日本における児童英語が学問的にまだ確立されていない未知の分野であるということでした。

また、なかで活躍している人たちの中には個人の経験や思いこみでカリキュラムをつくっている人もいるらしい、と言います。ただ、この忠告をしてくれた友人たちは、みな大学で教鞭《きょうべん》を取っている人ばかりだったのです。しかも、全員が独身か夫婦共稼ぎの子どもなしのカップルです。私は、自分でも子どもを育てていて、現状の英語教育に不満を持ちながら何もせず、自分の子どもが学齢期になったとき、納得できない教育をされるのはいやだ、と強く思いました。そして、極めつけはこのセリフでした。

「児童英語の教室って、職業別電話帖にのっていないのがほとんどだって知っていた?」

私は怒りに震えました。電話帖にのること、のらないことでその職業全体にプロ意識がない、と決めつけていることに怒ったのです。確かに、奥様の暇つぶし、またはパートで働くよりも割がいい、といった程度のプロ意識に欠ける先生がいることを否定しません。でも、それはどの職業でも同じことです。「子ども英会話教室の先生」とは、主婦の片手間にするやや知的な仕事、といった押しつけのイメージは失礼です。私は、心ある先生方に私の考える「国際理解教育を基盤とした英語教育」を伝えて理解してもらい、ぜひ、そのイメージを払拭するための努力をいっしょにしよう、と訴え始めたのです。

この第一回を契機とし、私は、グローブ・インターナショナル・ティーチャーズ・サークル（GITC）を発足させました。発足当初から、GITCの主な活動は、国際理解教育を基盤とした英語教育教材を会員に配布することと、その教材が活用できるように、先生方への講習会を行うことです。

教材は、一九九二年四月からスタッフたちと知恵を出し合って作り始め、現在では、九十冊にのぼる国際理解教育の分野（人権・環境・平和・異文化間理解教育・地域国別研究）から焦点を当てたさまざまな教材キットが用意できています。GITCの先生向け講習会もそれ以来、毎月平均一回程度開催してきました。

GITCの発足当初は、なんのために英語を教えているかを明確にすることと、著作権を大切にする、という二点を強く訴えました。自分たちの仕事に誇りを持つためには、やはり外の世界にも通用する信念を持つことが大切だと思ったのです。また、児童英語の先生方の間では、著作権の意識があまり浸透していなかったので、本やテープの違法コピーはやめよう、ということにも多くの時間を割きました。その頃、ブックフェアーなどに行って出版社から無料で本をもらい、それを生徒用にコピーして年間授業をしてしまったり、児童英語教師の集まりのお知らせに、「市販テープのダビングをしますから空きテープを持参してください」などという広報が載っていることさえありました。私は、人権という分野を教えるのであれば、人権のひとつの現れである知的所有権や著作権もしっかり遵《じゅん》守《しゅ》しよう、と呼びかけたのです。

5＊「えいご、しゃべれるようになりますか?」

ＧＩＴＣの活動を始めてすぐ、児童英語教室の先生方が生徒たちの保護者から求められていることの難題に気づかされました。それはこの素朴な質問に象徴されます。

「えいご、しゃべれるようになりますか?」

保護者の気持ちは痛いほどわかるのですが、週一回程度の英会話教室へ子どもが数年通ったとしても、英語をペラペラと話せるようになることは不可能です。ところが、児童英語教室へ子どもを送る親たちの中に、「子どもに英語をしゃべらせたい」という願いがたいへん強く、週一回の教室へ通わせれば、「英会話」の能力が身につく、と思い込んでいる方が多いのです。でも、簡単に外国語が身につくのであれば、みんながこんなに苦労することもありません。現に、「日本人が英語を話せない」ということに関して、これだけ喧々囂々《けんけんがくがく》の議論を皆がしているということは、どういうことなのでしょう。現実には、ほとんどの人が「自分は英語を話せない」と感じているのではないでしょうか。そして、「英語を話せたらどんなにいいだろう」とも考えるようです。確かに、英語の教師として、「英語を話せるようになりたい」という希望を生徒が持ってくれるのは嬉しいことです。しかし、これを軸にするのとそうでないのは大きな違いがあります。

子どもに英語を教える先生方自身は、子どもたちに数年間まじめに懸命に英語を教えたとしても、親の思い描くようには子どもたちに「英会話能力」が身につかないのは承知しています。でも、「しゃべれるようにしてください」という親の希望には、「大丈夫です。じっくり時間をかけましょうね」くらいのことを言わなければ、教室の運営だって難しくなります。ところが、この親とのギャップを解消していかないと、結局苦しむのは子どもたちになってしまいます。つまり、教師の方で、「これは、真の意味での英語を使ったコミュニケーションではないかも知れない……」と思いながらも、親や本人を納得させるために、「英語を話せた」という錯覚を起こさせるような「技能」をサルマネと同様に丸暗記させる方向に進んでしまうのです。例えば、それは、果物や動物の名前を覚えることであったり、繰り返しの挨拶を丸暗記することなどです。教科書でもこの例があります。例えば、ピアノが弾けなくても、ピアノが弾けますか？　という質問で、「はい」という答えが順番で回ってきたら、自分が弾けるかどうかの事実はいっさい関係なく、答えは「はい」と答えなくてはいけないものもあります。どうしてこうなってしまうのか。これは、英語という言語をただの「技能」として教えよう、とするところに原因があるのです。

ところが、外国語を自分の技能のひとつとして使いこなすためには、表面的な「技能」だけを学んでも足りないのです。国際理解教育の概念の中には、三つの大きな柱があります。それは、「知識」、

「技能」、「姿勢」です。どれひとつ欠けても、行動する地球人の育成を目指す国際理解教育の大きな目標の達成は難しいといわれています。つまり、地球人として行動するためには、公平で幅広い「知識」が必要です。しかし、その「知識」もそれを効果的に他の人に伝えるための「技能」を学んでいないと、せっかくのその幅広い「知識」も相手に伝わらず、自己完結してしまいます。さらに、その素晴らしい「知識」も効果的な「技能」も、人と交わりつながっていく時の未知の人間に対する尊敬の「姿勢」が身についていないと、結局その「知識」も「技能」も相手に伝わらず、もったいない結末となる場合が多いのです。私はまさにこの「地球人」を育てるために「英語」を教えたい、と考えていますから、私が教えている生徒たちの親には、ぺらぺらと英語を話すことだけを目標にしていない、ということを明確に伝えます。

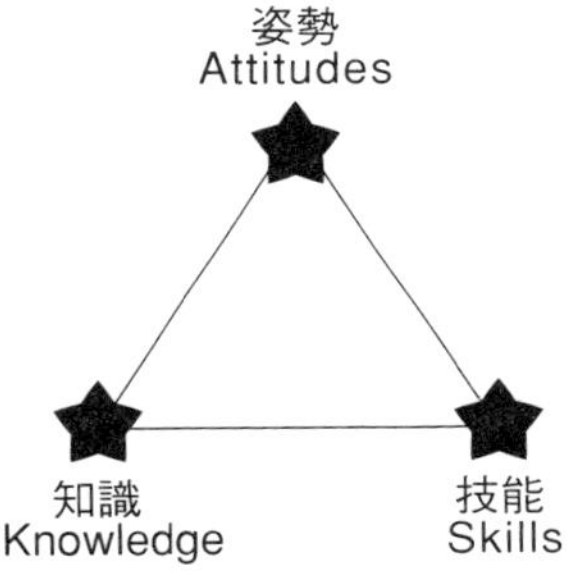

また、英語に限らず、外国語を習得するということは、教師がその能力を与えることはできないと私は考えています。外国語を理解し、その言葉を使って、コミュニケーションをとるというレベルにいくまでには、もちろん、知識・技能・姿勢を育成する目的で作成された教材を使うことも必要ですが、それよりも、学ぶ本人自身がこつこつと文法を理解し、単語を覚える、といった地道な努力を払わないと不可能なのです。そう言った意味では、教師の仕事としては、いかにその生徒が英語を学ぶということに興味を持ち続けるこ

とができるか、という動機づけに力を注いだ方がいいと考えるのです。「英語」が開いてくれる大きな世界を実例とともに紹介する、ということも大切です。学ぶプロセス自体に子どもたちがどう関係あるか、ということも伝えていきます。自分のことを理解して、さらに何がしたいのか、というところまで、「英語」の授業で行うのです。すると、自己表現のひとつとして、「英語」がとっても身近になります。

「知識」、「技能」、「姿勢」の三つのどれもが均等に大切、と書きました。ところが、この三つが均衡をとっていなくても、「姿勢」だけを頼りにコミュニケーションを進めてしまう才能の持ち主がたまにいます。私がアメリカに留学していた時期の、数少ない日本の現役大学生の友人がその一人でした。彼との手紙のやり取りのおかげで、日本の大学生の感覚を学んでいた面もあります。信じられないことですが、そんな彼とイタリアのフィレンツェの大聖堂の屋上で、ばったり偶然の再会をしました。まるで、「えっ、ここは新宿?」のような具合に。

私はデンマーク留学の最後にヨーロッパで一人旅をしていたのです。彼とは、旅の日程がまったく逆だったので、フィレンツェで一日だけ一緒に街を見て歩きました。その夜の路上でのことです。ナポリから来ていた路上画家の絵を彼がたいそう気に入り、そのおじさんと交渉を始めました。はっきり言って、文法はめちゃくちゃ、単語だっていい加減です。でも、私は、彼のその不思議な英語交渉能力にびっくりしてしまいました。値切りに値切り、値段は提示額の十分の一くらいまで落ちたでしょうか。そのおじさんがこんなに値切られながらも嬉しそうに言った言葉です。

"You are not Japanese! You are my brother. You are a Napoliano!"

（おまえは日本人じゃない！　俺の兄弟だ！　おまえはナポリ人だ！）

肩を抱かれ、満足そうにその水彩画を手に入れたその彼は、現在ＮＨＫのディレクターになっています。彼は、このナポリ人のおじさんと、ほんの少しの「知識」、身体で補う「技能」、そしてたっぷりの「姿勢」でコミュニケーションしていたのです。

彼と対照的に、英語の「知識」も「技能」も完璧に身につけているのに、「姿勢」が欠けているために、コミュニケーションができない日本人に出会ったことがあります。

アフリカの小国にも、いわゆるエリート層は赴任してきます。あるカクテルパーティーに、めずらしくそのエリートがやって来ました。彼は、ふだん人とあまり交わらないことで有名でした。一人で退屈そうにしている彼を見かねたのか、ある国の初老の紳士が話しかけました。まずは挨拶から始まって、所属や滞在期間などを初老の紳士は尋ねました。本来なら、これをきっかけにお互いの会話が始まるはずです。ところが、この日本のエリートは、一回もこの「初対面」の質問を相手に聞き返さないのです。つまり、会話は一方的に初老の紳士が話しかけ、彼は答えるだけという、まるで「会話の試験」のようでした。そして、ついに質問もつきたのか、初老の紳士はこんな質問をしました。

"Ah, well, then, what is your hobby ?"（あー、そうですね……、ところで、ご趣味は?）

一見普通の会話のように思えますが、これは、たいへん恥ずかしい質問なのです。趣味、年収、配偶者の有無、身体に関することなどは、通常「個人情報」として、少なくとも欧米社会では初対面の人に尋ねることはほとんどありません。これを訊かれることは、あなたの会話が魅力に欠け、ほかに何も話題がないからせめてあなたの答えられるご趣味でも訊いてあげましょう、という判断を相手から下された、と赤面してもいいくらいなのです。先進国、発展途上国を問わず、パーティなどの席では話される話題で、その人の教養や人間的魅力を試されることが多いのです。

しかし、このエリートは、そんなことには一向に気がつきませんでした。なぜなら、彼にはこの相手とコミュニケーションしようという「姿勢」が欠落していたのです。そもそもこの国で、人的ネットワークを築くという興味がなかったのです。

さらに、この話にはもう一つ決定的な落ちがつきます。彼は、紳士の発した質問に、にっこりと笑みを浮かべながら完璧な英語でこう答えました。

"Oh, I like to play golf on my TV screen"（そうですね、テレビゲームのゴルフですね）

第7章

エチオピアと英語と子どもたち

エチオピアのインターナショナルスクール

1＊エチオピアで子育て

夫の二度めの海外赴任が決まったのは、リベリアから帰国して三年目、一九九三年の初夏でした。赴任先はアフリカのエチオピアです。いちおうの目安として、任期は三年ということでした。ＪＩＣＡの人事の通知は、国内で異動の場合一か月前、海外赴任の場合二か月前という短さです。私たちはまだ子どもが幼かったので、何とか対応もできましたが、中学・高校生を持つご家庭には同情してしまいます。

私たちがこの転勤の知らせを聞いたとき、ＧＩＴＣ（グローブ・インターナショナル・ティーチャーズ・サークル）は発足後二年目でした。発足後たった二年で、責任者が三年も日本を留守にする。常識では考えられない展開です。これは夫に単身赴任してもらう、という線が妥当だと思われる方も多いでしょう。でも、私はエチオピアに暮らすことが、ＧＩＴＣの組織としても自分自身の経験としてもいい結果を生むのに違いない、という確信がありました。そして、私たち夫婦は自分たちの子どもにアフリカのインターナショナルスクールで学ばせたい、と強く希望していたので、私たちの選択肢には、初めから夫のエチオピア単身赴任はなかったのです。

私は自分で始めた組織として、ＧＩＴＣにまだまだしっかりとした基盤ができ上がっていないのは承知していました。が、周到な準備をすれば、何とか乗り切れるという確信がありました。この自信の出どこは、すでにこの時までにＧＩＴＣに集まってきてくれていたスタッフに対する信頼でした。実は、一般に広く先生方の参加を呼びかけて会員制度を発足させたＧＩＴＣを立ち上げる前段階の、英語教室としてのグローブ・インターナショナルの設立は、私と私の妹ともう一人の人間が関わりましたが、妹はカナダへ留学していき、もう一人は目指す方向性の違いからまったくの別行動になっていたのです。その後のＧＩＴＣのスタッフのほとんどは、私の講演やセミナーを聞いて集まって来てくれた人たちです。また、英語教育出身以外のスタッフとして、国際理解教育を専門としてアメリカで学位をとってきている女性がいます。彼女は、英語を通しての国際理解教育を進めるうえでの力強い頭脳です。つまり、全員が、日本の英語教育に関して、何かおかしい、これではいけない、という問題意識を持ってきた人たちだったのです。そして、全員が女性です。ＧＩＴＣの誇ることはいろいろあると自負しているのですが、そのなかでももっとも嬉しいことは、このスタッフのメンバーが不動である、ということです。正直に言って、ＧＩＴＣは採算がとれている組織ではありません。ただ、この活動を絶やしてはいけない、という志のもと活動を続けています。

さて、私が考えた「周到な準備」とは、そう大げさなものではなく、私が日本からいなくなることを徐々に慣らしていけばいい、ということでした。現実の作業は日本にいるスタッフに頼ることになりますが、ファックスを使って綿密に連絡をとり合う、また、講演会や講習会は、外からの依頼に合わせて、私が帰国して開催するようにする、という方向で進めることにしました。夫は、一九九三年の八月にエチオピアに赴任しましたが、私は長男を連れて翌年の四月をめどにエチオピアへ行く、という計画をたてました。約七か月遅れの出発です。また、最終的な赴任の前に、十二月と一月の二か月間エチオピアを訪れ、日本に私がいない状態を作ってみることにしました。

ところが、この計画もあっと言う間に変更を余儀なくされました。私は、絶妙なタイミングで第二子を妊娠していたのです。どうしてこれが絶妙なタイミングかというと、子どもの世話で一番手がかかる時期にアフリカにいるのはメリットが大きいのです。長男・寛慈の場合もそうでしたが、育児で一番たいへんな時期に人手がたくさんあるのは助かります。大勢の人に囲まれていると、それこそ育児ノイローゼになることもありません。アフリカで政府系の援助活動に関わるということは、想像以上のさまざまな状況が付随してきます。そのもっとも顕著なものは、ハウス・スタッフと呼ばれる、お手伝いさんたちを雇用しなくてはならないことでしょう。ハウス・スタッフとのやり取りは後述しますが、とにかく、私たち夫婦にとって、信頼のおけるアフリカの人びとに自分の子どもたちの人生の最初の期間に関わってもらえるのは幸せなことなのです。

クリスマス・お正月を挟んでエチオピアに行く、ということはそのままにしましたが、一九九四年の四月にエチオピアに赴任するという計画は延期です。何といっても出産予定日が四月末でした。今回は日本で出産することにしました。そこで、四月の末に出産したあと、三か月ほどの間、赤ちゃんを日本で育てて、その後エチオピアに赴任する、ということにしました。これは、GITCスタッフの協力があったからこそ可能だったことです。私は、出産二週間前まで事務所に通い、出産後も七週目には長女・翔子《しょうこ》を連れて出勤しました。その間も講演会をこなし、教材作成に参加し、原稿を書く、といった毎日でした。

生まれたばかりの翔子の検診で、あと三か月でアフリカのエチオピアに赤ん坊を連れて行くと伝えると、びっくりされてしまいました。心配のせいでしょう、「……予防注射はどうするのですか？日本では生後三か月前には予防注射はできません」とおっしゃいます。私は、「エチオピアで受けさせます」と答えました。

日本のお医者さまは、それこそ、アフリカは医療関連施設がまったく整っていない、と信じ込んでいる方々も多いのでしょう。私は、医療はその土地その土地の知恵と密接に結びついていないといけない、と信じていますので、心配するお医者さんたちをかえって励ます始末でした。例えば、抗マラリア剤として服用されるクロロキンは、日本では買うこともできない「薬」です。肝臓病の治療薬として服用した患者さんに死亡例があるからです。ところが、予防薬としてのクロロキンは効果的であり、マラリア汚染地区のアフリカでは一般的に薬局で処方箋なしでも買えるのです。私は寛慈を妊娠中、マラリア汚染地区に住んでいましたので、クロロキンも毎週服用していました。妊婦がマラリアに感染して発病するリスクの方が、クロロキンを服用することで起こるリスクを上回るからです。でも、こんなことも日本のお医者様にお伺いすれば、きっと即座に却下されたことだと思います。

私と四歳の寛慈、生後三か月の翔子は、長旅を心配してつきそってくれることになった私の両親と一緒にヨーロッパ経由でエチオピアに旅立ちました。一九九四年七月のことでした。

2＊アフリカで暮らすことの知られざるストレス

発展途上国の暮らしにはいろいろなストレスもあります。その大きなものの一つがハウス・スタッフと呼ばれる現地のお手伝いさんや門番さんたちとのつき合いです。日本や欧米の近年の文化では、自分のことは自分でする、といった自立志向が強いため、私たちは幼い頃から自分の身の周りのことを自分で片づけることを教えられて育ちます。ところが、これが途上国では一変するのです。

政府系の開発援助の仕事に関わっていると、多くの場合、前任者からの引継ぎ項目があります。私たちは前任者が独身だったので引継ぎ品がなく、日本から生活雑貨から電気製品まで持参しました。私たちがエチオピアに赴任した頃は、共産主義政権の影響でまだまだ街中に物資が少ない時期でした。その後、三年で物資の流通は飛躍的に向上しましたが、私たちよりも前にエチオピアに赴任していた日本大使館の人たちは、それこそ乗用車からスプーンまで前任者から引き継いだそうです。エチオピアは、共産主義政権が倒されてから西側寄りの政府が発足したのですが、長年のロシア共産党政権の影響が強く、とにかく「物資」の流通が極端に悪い状態だったのです。生活物資で言えば、突然クッキング・オイルがない、砂糖がない、という状態に突入することもありました。

「もの」の引継ぎはまだすんなりいくのですが、「人」の引継ぎにはいろいろなトラブルがあります。なかでも、家で働いているハウス・スタッフの引継ぎは、悲喜こもごもの問題を引き起こします。好むと好まざるに関わらず、家事を担当するハウス・スタッフを「信条・方針が違うから」といって簡単に解雇することはできません。彼らを解雇すると、彼らの家族・一族郎党の生活の糧を一挙に奪うことにもなりかねないのです。これが判っているから、日本人でも欧米人でも、家事労働を「他人」に任せることに罪悪感を感じながら、これらのハウス・スタッフとつき合わざるを得ないのです。

ところが、多くの日本人家庭で、このハウス・スタッフとのつき合いがストレスになる場合もあります。なぜなら、家事労働を任せるということは、その指示を彼らが理解可能な言語で伝えなくてはいけないし、また、家庭の中に常に第三者の目があるという状態にも慣れなくてはいけないのです。

外国人家庭のハウス・スタッフという職業は、現地の人びとにとって、かなり割のいい仕事でもあります。多くの場合、「英語を話せる」という技能給も含まれるので、エチオピアなどでは熟練のお手伝いさんで、現地の教員と同じかそれ以上の月給を稼ぐ人もいました。私たちの前任地、リベリアでも、外国人家庭での家事労働は人気のある職業でした。また、料理が得意な雇い主について中国料理や日本料理をマスターすると、家事労働という職種から料理人として昇格することもあります。何代も前からの日本人家庭に雇われて、とんかつ、焼き鳥は当然のこと、さらに茶碗蒸しから手作り豆腐までを完璧にこなすエチオピア人女性は、英語よりも日本語の方が上手でした。

ただ、お互いに初めての外国人としての雇用関係を結ぶときなどは、意思の疎通に苦労します。特に、日中、家事労働を自分でせずに他人にさせる、それもその指示を慣れない言葉でしなくてはいけないとしたら、そのストレスはかなり深刻です。私が実際に仲裁した例ですが、日本から来たばかりの女性が、リベリア人のお手伝いさんと下着のアイロンかけでもめていたのです。日本人の彼女は、日本から持ってきた下着にアイロンをかけるのは風合いが落ちるからやめて欲しい、と言っているのです。彼女の英語は確かにわかりにくい。でも、何回注意しても言うことを聞かない、と怒っています。実はこの下着のアイロンかけは、リベリアという国の風土病に関係していました。この新しく赴任してきた日本人宅で働いていたリベリア人女性は、それまでも各国の外国人宅で「英語」を話すハウス・スタッフとして働いていました。直前まで働いていたのはオランダ人家庭で、それこそ洗濯物すべてのアイロンかけは、彼女の最重要の仕事のひとつだったのです。なぜなら、リベリアには、洗濯物に卵を産みつけるプチフライという虫がいて、洗濯物を外で干すのであれば、肌に身につける前にしっかりアイロンをかけて虫の卵を殺しておかないと大変なことになるのです。特に白い色が好きな虫で、直接肌につける下着はこの虫の格好の産卵場所となってしまうのです。産みつけられた卵をそのままにして身につけると、卵から孵《かえ》ったウジ虫に皮膚の中に入り込まれ、猛烈な痛みを伴う皮膚病になってしまうのです。私から説明を受けたこの女性は、はっとして、そう言えばそんな情報を読んだ覚えがある、と言いました。つまり、情報は情報として受け止めていても、自分があまり得意でない言語を使って生活していかなくてはならない状況では、学んだ知識が生かされていなかったのです。彼女はあとで、このリベリア人のお手伝いさんに謝っていました。

アフリカでハウス・スタッフとうまくつきあうためには、人間的なつき合いを心がけ、なおかつ必要以上に親しくなることを諌《いさ》め、自分ですべき「家事労働」をしてもらうという葛藤を克服しつつ適切な言葉で指示を出す、というかなりストレスがたまる状況を乗り越えなくてはなりません。でも、普段の生活で、彼や彼女たちの労働をきちんと評価していくことで、アフリカの人びとのたくましさやその生活観さえも学ぶことができます。

私たちは、前任地リベリアではハウス・スタッフに泥棒もされました。しかし、それは私があまりに無用心だったことがいけないのです。刑務所に連れて行かれた本人を許せるのはマダムだけだ、と正装してきた五〜六名の彼の親族に説得されて、大げさな「許し」の文章を作成したりしました。このへんの交渉は「パラバ」と呼ばれ、延々と時間をかける「話し合い」です。初めは世間話から入り、実際の交渉に入るまでにゆうに二時間は経っていました。「話合い」という儀式がとても尊ばれる西アフリカです。私の彼への「怒り」をぶつけると、「そのとおり!」と全員がうなずき、「その怒りごもっとも!」と言うのです。でも、最終的に彼らは私から「許し状」を持っていきましたので、この勝負は彼らの勝ちでした。リベリアではリベリア英語を話します。この「パラバ」も見事なリベリア英語で、母親や叔母さんたちの「愛情」のたっぷり入った説得に、泥棒された本人が次第に心地よさを感じていたのはどうしてだったんでしょうか。

3 ＊子どもは語学の天才ではありません

英語に限らず、外国語に関する人びとの意識の中に、「子どもは語学の天才」という思い込みがあります。確かに、大人に比べれば、柔軟に発音を学べます。話し始める時期も早い。そして、話し始めれば母国語話者のように話せるようになるかもしれません。ところが、これが子どもならばその環境に置きさえすれば、誰でも無条件で何の苦労もなく外国語を習得できる、と信じられているところに悲劇が起こります。つまり、子どもはすぐに言葉を習得できるから、ほうっておいても大丈夫と思ってしまうのです。

考えてもみてください。いくら幼い子どもであっても、両親や友人など、身近な人の言語を聞いて理解しようと務めた結果で「ことば」が出てくるのです。よほど、多言語が飛び回っている家庭でもない限り、通常聞いて慣れ親しんでいる「ことば」はひとつです。そこへ、音も語順もまったく違う新しい、「ことば」が自分の身の回りを取り巻くようになると、当然のことですが、すぐには理解できないのです。

それでも、学齢期前の子どもであれば、「何が欲しい」、「それはいやだ」といったたいへん単純な「メッセージ」で生活が成り立っている部分もあるので、数か月もあれば何とか新しい言語の世界でも暮らしていけるようになります。「子どもは語学の天才」という間違った思い込みの出どころは、幼い子どもたちを観察している結果なのかもしれません。つまり、母国語であっても、彼らの年齢では表現しなくてはいけない事項が少ないのです。ところが、問題は、異言語で、異文化の形態を持つ、「学校」という社会で、算数や社会、理科といった「科目」を学習しなくてはいけない場合です。子どもたちのストレスは想像以上です。まちがっても周りの大人が、「すぐ判るようになるわよ」などと、気安く励まさないで欲しいと思います。過ぎてしまえばなんともないことかもしれません。しかし、その渦中にいる子どもたちの不安感、情けなさ、恐怖感は、経験した人間でないと理解できないものです。また、これらの子どもたちは自分の意志で異文化に飛び込んだのではなく、多くは親の職業上の理由でこの変化に対応せざるを得ないのです。つまり、多くの場合、彼らにとって、降ってわいたような災難であることでもあります。

私たちの長男・寛慈の場合、彼のメッセージは「学校行きたくない」で始まりました。この時彼はインターナショナルスクールの幼稚園生でした。この学校の北米式の教育形態では、K to 12 というように、正規の教育期間を、Kという頭文字を持つキンダーガーデン（幼稚園一年間）から始まり、日本の高校三年生である十二年生までをひとつの大きなくくりと考えます。日本の幼稚園と違うのは、期間が一年である、ということと、この一年間は小学一年生になる前の勉強の準備という捉え方をすることです。実際の読み書きの力を育むための準備期間という考え方です。ところが、どこの世界にも、この「準備期間」の解釈の仕方を自分流に捉える人がいます。

寛慈を受け持ってくださった先生は、古いイギリス式の教育を受けた、とてもエレガントなタンザニア人の女性でした。夫は国連の職員というエリート家庭の奥様です。この先生にとっての「準備期間」とは、小学校で学ぶ内容の「先取り」をすることだったのです。つまり、五歳児にがんがんと英語の読み書きを教えてしまうのです。これには正直言って困惑しました。寛慈は突然ふってわいた英語の環境にも戸惑っていましたし、また、朝から机に座って、読み書きの練習を強いられること自体にも拒絶反応を起こしたのです。それに、最低でも一～二時間はかかる「宿題」も毎日出るのです。寛慈の反乱は当然のことでした。エチオピアに来る直前まで日本で通っていた「ころりん村幼児園」は、文部省無認可の幼稚園で、のびのび自由な子どもの楽園でした。朝から野山を走り回る生活で日が暮れていた環境と、机を前にしての勉強を突然入れ替えられたら、拒絶反応を起こさないほうがおかしいのです。

おずおずと先生に、「せめて宿題は免除して欲しい」と伝えました。すると、ものすごく反発されてしまいました。彼女には彼女の方針があるというのです。また、「こんなリクエストを日本人の親から聞くとは思わなかった」とも言います。ここでも、別の意味で「勤勉な日本人のイメージ」に困惑しました。今まで彼女が受け持った日本人全員が勤勉で、親も常に私の教育方針にしたがってくれたのに、と言われてしまいました。「そりゃぁないよ……」というのが実感でした。でも、息子の一大事ですので、背景を探ってみました。すると、判ってきたのは、こういった北米系のインターナショナルスクールでは、子どもたちを楽しく授業に参加させたい体験主義派と、この寛慈の先生のようないわゆる先取りがんがんお勉強派の二派に、先生の傾向も親の傾向も別れていたのです。確かに寛慈のクラスメイトは、実力主義の傾向が強いアフリカ人やアジア人家庭の子どもが多い。ほとんど全員が各国の大使館員か国連の職員のエリート家族です。ところが、寛慈のクラスの隣では、アメリカ人の先生が、のんびりと体験重視の教育をしていました。さらに驚愕したのは、学校側にある、日本人家庭はこの先取りがんがん派を好む、という思い込みでした。つまり、日本人児童を体験主義的な教室に入れると、生ぬるいという反発が過去に何例もあったそうなのです。日本人ならこっち、と決めつけられていたのです。せめて、どちらを選択したいか聞いて欲しかった。

この当時、アディスアベバのインターナショナルスクールの年間学費は、約七十万円でした。小学校からは国際協力事業団の規定で海外子女教育手当として補助が出るのですが、五歳児の教育費は全額自己負担です。なんとかかんとかなだめながら学校へ通わせましたが、ある日、寛慈がいみじくも言いました。

「お母さん、カンジね、ビーインパニッシュが大好きなの……」

ビーインパニッシュトとは、罰を受けることと想像はついたのですが、なぜそれが好きなのかは分かりません。少しどきどきしながら理由を尋ねると、

「だってね、ビーインパニッシュされると、先生の横のおイスに座ってワークしなくていいんだ

よ！」

と嬉しそうに言います。十一時三十分のランチの後は毎日ぐっすり昼寝をしている、という先生からの報告も届いていましたので、彼は彼なりに「がんがんお勉強」を避ける活路を見出したようでした。七十万円支払って、これって、すごい、と夫と話しましたが、学校が終わってから遊びに行く友達もしだいに増え、彼の英語もめきめきと上達していきました。学校の役割ってなんだろう……と思わざるを得ないのと、「子どもは語学の天才」という間違った迷信から多くの海外駐在員家庭を開放してあげたい、と切実に思いました。

子どもだって必死です。理由もなく、ある日突然しゃべり出すわけではありません。彼らが外国語を話し出すのは彼らの努力の成果です。

4
＊バイブル・トランスレーターって知っていますか？

私たち家族が途上国で生活することの最大の特典は何か、と問われれば、間違いなく、各国のユニークな人びととの出会いと答えます。しかし、一般的に途上国勤務を嫌う人が多いのはどうしてなのでしょう。生活が不便だからでしょうか。政情が不安定だからでしょうか。でも、どこにいても不便なことはあるし、政情だって、情報を広く張る生活を心がければ、そんなに気にすることもないのです。日本と同じ食生活や、ニューヨークのジャズクラブの生演奏をアディスアベバやモンロビアで求めても無理なだけです。その土地その場所での楽しみ方は必ずあるもので、私たちにとっての途上国での楽しみ方は、そこに集まるユニークな人たちとのおつき合いです。

どうやら「開発途上国」には、従来の価値観から一歩抜け出ている人が集まるようです。たくましくそして気持ちがいい人が多いのです。精神的にも独立した人びとが多いのも特徴でしょうか。その代表的な人びとが宗教団体に属する人たちです。主義主張の違う人たちに、「私たちが信じている宗教の方があなたたちを救う」と伝え、自分たちの信仰の確かさを目の前で見せて納得させるのです。

生半可な覚悟ではできません。心から、アフリカの人びとの生活の質を向上させよう、と活動している人びとです。リベリアのガンタ・ハンセン病センターでも、カトリックのシスターたちが、何十年もその地に住み着いていました。リベリアの内戦で、命を落としたシスターたちも何人もいます。それでも、めげないし、あきらめません。私個人としては、特定の宗教の信者ではありません。でも、私には、イスラム教、キリスト教、ヒンズー教、ユダヤ教、仏教などを熱心に信心する友人がたくさんいて、彼らの信ずるそれぞれの宗教を尊重しています。心から信仰している人たちは、本当に心のきれいな人が多くいます。自分たちが一番、と考えてしまうところでお互いに融合ができないというもどかしさはありますが。

英国出身のサイモンとリン・コールドウェル夫妻は、サミット・インスティテュート・オブ・リングイスティックスというキリスト教系組織の宣教師でした。宣教師といっても、彼らはひと昔前の「キリスト教至上主義」のような宣教師ではありません。究極的には、彼らも宣教師ですので、キリスト教の教えを広く世界に伝えたい、という思いがあるとは思います。しかし、途上国で働く今日の宣教師は、バイブルの教えをむりやり押しつけるようなことはしません。コールドウェル夫妻の特徴は、キリスト教伝導の他に、専門的な言語学者としての知識を有することです。彼らの所属する組織は、派遣する宣教師に三年以上「言語学者」としての徹底的な訓練を課します。なぜならば、彼らの仕事とは、世界中にまだ少なくとも三千以上はあるといわれる、文字化されていない「言語」を書き記し、その言葉で、キリスト教の経典である「新約聖書・バイブル」を翻訳することなのです。文字化されていない言語を、言語学の知識を駆使し、英語のアルファベットを用いて文字化します。その作業が終了して、初めて、バイブルの翻訳作業に入るのです。それも、実際の翻訳作業は、現地のその言葉を母語として話す人間に主導権を渡すことも義務づけられているそうです。いったい、何年くらいのプロジェクトか、と尋ねたところ彼女は軽やかにこう答えました。

「そうね、二十〜三十年くらいかしら」

彼らの任地は、エチオピアでも、南のスーダンとケニアの国境に近い、ゴマ・ロファと呼ばれる地域です。かなり小規模の人びとの集まりで、ラスカという名前がついた集落です。部族名はバスケットウ。話す言葉は彼ら独自のものでバスケットウ語と言います。現在知られているだけで、アフリカには二百五十くらいの文字化されていない言語がありますが、どうやらバスケットウ語はその中でもかなりマイナーな言語だそうです。私が出会った頃の彼らは、ラスカに赴任する直前で、それまでアディスアベバでバスケットウ語と彼らをつなぐアムハラ語の研修に忙しい毎日でした。また、そのとき、サイモンは車で丸二日かかる、アディスアベバとラスカを頻繁《ひんぱん》に往復し、現地で彼らが生活する泥とトタン屋根の家を建築中でした。電気はソーラーパネルで自家発電、郵便物はヘリミッションと呼ばれる空輸で、宣教師の互助団体が数週間に一度上空から落としてくれるそうです。

アディスアベバで私たちは、お互いの子どもたちの乗馬レッスン場で知り合いました。乗馬は彼らにとって、現地での最も有効な移動の手段なので、彼らの六歳と八歳の子どもたちを乗馬のレッスンに通わせていたのです。日本ではなかなか機会がないから、などという軟弱な私たちの理由が恥ずかしかったくらいです。

彼らと私たちにはいくつかの共通点がありました。同世代で、アフリカに住み二人ずつの子持ちです。人と会って話すことが好き、外国で暮らすことに抵抗がない。ところが、アディスアベバという「都市」で暮らす私たちと違い、彼らは、首都アディスアベバから六〇〇キロも離れた、なおかつ雨季になれば道路も寸断されてしまうような所に子ども連れで赴任するのです。期間も、二〜三年という私たちに比べ、二十〜三十年という気の遠くなるような長さです。ここまでの決心がどのようにして彼らの人生の中で育まれたのか、ということに興味を持ちました。彼らの答えは簡単でした。

「キリストの教えを広めたい。そして言語学者として、彼らの知恵のかたまりである彼らの言語を、後世に残すための文字化の作業を手伝いたい」

「ことば」を介した仕事・教育として、こういうことに人生を費やす人びとが現代にもまだいる、ということをご存知でしたでしょうか。二人の子どもの教育はホームスクーリングと言って、英国から送られてくる完璧なカリキュラムに従って進められるそうです。学費は年間四十万円ほどするそうです。彼らの生活費、保険(万が一のためのヘリコプターでの病人移動など)や二年に一回の英国への里帰りなど、平均年額三百万円ほどの活動費もすべて、自分たちで寄付を集めてくると言います。事もなげに。そして、この計画は、何年も家族で考え、討論して決めたというプロセスを経ているので、家族そろって赴任しなくては何の意味もない、と八歳と六歳の子どもまでが声をそろえます。お断りしておきますが、この二人の子どもの背中には羽など生えていません。普通の子どもたちです。そして、リンとサイモンもまったく普通の同世代の人間です。世界には本当にいろいろな人間がいて、不可能ということはないのだ、ということを感動と一緒に強く実感しました。

5 ＊ GITCエチオピア支部

前回のリベリアと同じように、エチオピアでも教育に関する仕事をしたいと思いました。しかし、エチオピアはリベリアとは違い、ルールが厳しい。例えば、前回のリベリアの赴任時と同様、私のパスポートは、公用旅券という政府系援助関係者ということが一目で判るもので、一般の旅券とは色からして違うのです。その仰々しいパスポートの一ページを使って、エチオピアの滞在許可のビザが押されています。くっきりと印刷されているのは以下の文面でした。

"Not allowed to accept any employment with or without pay."

（有給無給を問わず、いかなる雇用も許されない）

なかなかおごそかな「制限」です。これにはちょっと参りました。しかし、私の特技は、何とか活路を見つけてくることです。それに、大げさに宣伝するようなことさえしなければ、なんとかなる、ということも判りました。それに、「第三者と雇用関係を結ばず、自分でするならいいじゃない！」

という都合のいい解釈をして、自分が代表をしているGITCの活動をすることにしました。そこで、エチオピアのいきなりの英語環境に戸惑っていた、日本人の子どもたちを自宅で教え始めました。

リベリアの内戦で離れ離れになった友人たちのために何かしたい。そうだ、英語を教えて、日本の子どもたちに地球社会で活躍できる人間になってもらおう、と考えて始めたグローブ・インターナショナル・ティーチャーズ・サークル(GITC)は、私が日本を離れても、まったく正常に機能していました。これは、ひとえに優秀で実務感覚に優れているスタッフのおかげでした。そこで、私は、せっかくエチオピアに住んでいるのだから、GITCの教材を日本人以外の子どもたちにも使ってみたくなったのです。そうです。世界には、日本の英語事情に似ている環境を持つ国がたくさんあるのです。エチオピアもそのひとつです。英語が母語として話されていない、また、急激な英語文化の流入が始まっていました。私たちがエチオピアに滞在したのは、一九九三年から一九九六年までの三年間ですが、この頃のエチオピアは、一九九一年に倒された社会主義政権から西側寄りの現政権に移って数年、という時期でした。社会的にいろいろな変化が訪れていました。社会主義的な雰囲気に慣れてしまった公務員たちの受難の日々が始まった頃でもありました。当然、教育的にも大きな変化がありました。それは、小学校から学んでいた第二外国語が、これまでのロシア語から英語に変更されたことです。すると、どうでしょう。ものすごい勢いで町中に「英語」を学ぶ人が増えました。道で物乞いする人たちも皆、怪しげな英語を話します。物乞いのおじいさんのこの表現には感心しました。

"Madam, my stomach zero."（奥サン、お腹がゼロです）

私は、GITCの教材を使ってエチオピアの子どもを教えてみたい、と強く思い始めました。また、直接子どもたちを教えるだけではなく、エチオピアの先生方にもGITCの教材の存在を知ってもらい、自分たちの授業に実践して欲しいと思いました。それには、エチオピア人のスタッフが必要です。さっそくエチオピア人の教師で、GITCの教材に興味を持ってくれるような人を探し始めました。

スカッシュ仲間のファティマは、アフリカのウガンダ生まれのインド系カナダ人です。ウガンダと言えば、人種差別主義者で任期中に国中の非アフリカ系住民を国外に追い出したアミン大統領が有名です。そうです、彼女と彼女の家族は、その国外追い出しに遭遇《そうぐう》したインド人家族だったのです。ファティマの家族はカナダに逃れ、ファティマはその後学生時代に南米を放浪中に知り合ったカナダ人の男性と結婚しました。夫のティムは、在エチオピア・カナダ大使館の外交官でした。ファティマは、現地のNGO（非政府系援助団体）の活動に明るく、またカナダとエチオピアの子どもたちをつなぐプロジェクトにかかわっていたので、彼女にGITCの趣旨を説明し、エチオピア人の教師を探すことに協力を依頼しました。

ファティマの紹介で知り合ったのが、サムネッシュ・アベベという女性です。教師歴二十年のベテランの英語教師でした。初めはこちらの制度では初級の資格にあたる教師養成単科大学(高校卒業後二年間のコース)を卒業し中学校で教員をしていました。その後、大学へ編入し教育学の学位を取り高校の教員となりました。六人の子どもを育てながらのことです。ただ、多くの途上国でそうなのですが、エチオピアは家事労働を担ってくれる人を非常に低い賃金で雇うことができます。途上国は、実は、働く母親にとって、恵まれている面もあるのです。働く母親を支える女性が、子どもを持っている場合も多く、その家事労働者にも家には親戚や地方の遠縁の女の子がいる、ということも多々あります。知り合った頃のサムネッシュは、国内で年間十二名しか選ばれない超難関のアディスアベバ大学の大学院生でした。現職の教師がこの入学許可を得ると、通常の授業などの業務は全部免除され、自分の研究生活に没頭できる、というため息がでるような待遇です。彼女は、GITCの考え方や教材に非常に興奮し、それから私のアシスタントを務めてくれるようになりました。彼女のおかげで私は、エチオピアの何人もの教師と知り合うことができました。その後、彼女と一緒にGITCエチオピア支部を発足させることもできたのです。

サムネッシュとの交流はその後も続きました。ところが、私が日本に九六年に帰国して、一年が過ぎた頃から連絡が途絶えました。どうしたのかな、と心配していたのですが、ある日、彼女からの電話でその理由が分かりました。アメリカ合衆国へ政治亡命していたのです。私の最初の反応は、「今頃、どうして……」です。なぜなら、エチオピアは社会主義政権時は多くの政治亡命者を出しましたが、現在では政治や言論の自由は比較的認められていたからです。ところが、教員の組合活動にかんする言論統制がまだまだ行われていて、彼女はそれにひっかかったようで、深夜の尾行、無言電話、そして、仲間が殺されたり、投獄されたりしたのを彼女の家族が心配し、お金を集めてアメリカ合衆国に旅行者として出発させてくれたそうです。たどり着いたアメリカで亡命し、申請後半年で政治亡命者として許可が降りたことが、その時の彼女と彼女の家族の判断が正しかったことを裏づけしています。現在、彼女は、アメリカのサンノゼで、エチオピアに残してきた家族を呼び寄せるための申請と、印刷会社でのパートの仕事で忙しい毎日を送っています。

6＊「学校」から連想する言葉は？

皆さんは、「学校」という言葉を聞いて、どんなことを思い浮かべますか？　国際理解教育の手法でよく知られたものに、くもの巣つくり(またはメンタルマップ)と呼ばれるものがあります。左の表を見てください。日本の子どもたちが作った、「学校」に関するくもの巣です。真中にある「ことば」から連想するものをどんどん書き足していく活動です。

これは学校を比較的好意的に捉えている子どもたちが作ったものです。子どもたち全員がこのように肯定的に捉えられない場合もあるでしょう。ところが、私が同じテーマ・「学校」で授業を行ったエチオピアの子どもたち十三名中十二名が、まったく同じことを「学校」から連想しました。何か想像がつきますか？　エチオピアの子どもたちは、学校と聞いて、「パニッシュメント・体罰」を連想したのです。十三名中十二名がです。これには、見学していた先生の何人かが、「嘘を言うな！」と怒鳴りました。怒鳴ったその途端、バツが悪くなり、へなへなと座り込み大人全員は苦笑いでした。法律で体罰が禁止されている欧米や日本とは違い、途上国では学校における体罰はいまだに横行して

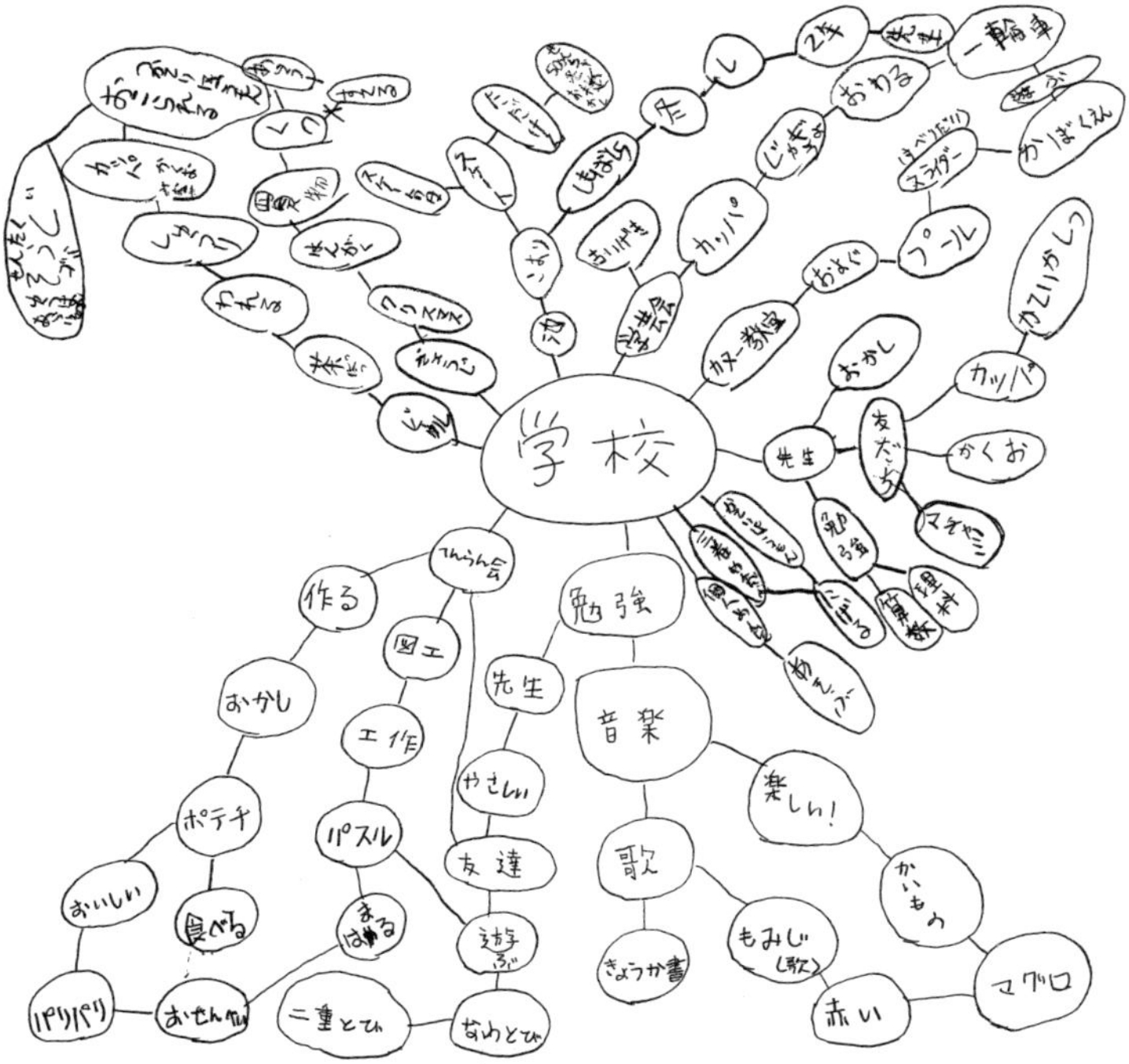

日本の子どもがつくった「学校」に関するメンタルマップ

いるのです。

エチオピアの英語教育は、日本と同様、教科書に書いてある例文の読み方を練習して、文法の説明を受け、先生がすべて発信する情報を生徒が学んでいく、といった手法が一般的です。生徒から意見を聞く場面もほとんどなく、生徒は、ただひたすら文法をマスターし、単語テストのためにひとつでも多くの単語を暗記する、といったことに時間を費やします。コミュニケーションのための語学力を伸ばす、といった方向性は、それらの「基礎」にあたる部分を学んでから、という考え方が多勢を占めます。途上国で生活の質を向上させるためには教育が欠かせません。極端な例ではありますが、「英語力」によって就職先が左右され、一家の収入が大きく変化する場合もあります。途上国の多くの人びとは、衣食住、どれをとっても満ち足りた状況でないことが彼らのハングリー精神を刺激します。そして、向学心を持たない生徒は、自然に学校という枠組みから脱落していくのです。でも、学ぶこと、学校へ行くことを無上の喜びとしている子どもたちの数が圧倒的に多いのも途上国の現状かもしれません。水汲みや農作業という重労働からしばし解放されて、自分の身さえも助けるかもしれない新しい知識を吸収するのは、純粋に楽しいことなのです。

エチオピアにおける英語教育で、私の周りに集まってきた先生方にとって、私とGITCが主張する、学ぶ側の生徒をその学びのプロセスそのものに参加させる、という主張はかなり新鮮だったようです。それでもその中の一人が、正直に、「このやり方は時間がかかって、教科書が終わらない」と悲鳴をあげました。それに、学校に来る以上、生徒が集中して授業に臨むのは当然のことで、私が訴えていた「生徒が学ぶ環境」を大事にする、という生徒の側にたった考え方自体にも違和感を持ったようです。社会的な環境が違えば、その中にいる先生方の考えが違うのは当然のことです。でも、私は、学ぶ楽しさを追求し、生徒に還元していくのは全教師の務めと考えている人間です。エチオピアの子どもたちだって、この形態の「学び」にいきいきと参加し、とても楽しんでくれます。そこで、私はエチオピア人の先生方に、ことばで説得するよりも自分の意見を反映させられる「学び」が子どもたちにとってどんなに楽しいか、ということを見てもらうことにしました。

エチオピアの子どもたちへのレッスンは、基本的にはサムネッシュが彼女の自宅を開放して行いました。彼女は、アシスタントとして私の日本人の子どもたちへのレッスンを授業の準備段階から一緒に行い、また授業も始めから終わりまで丁寧に見学し詳細なメモをとっていました。彼女の教師歴は私よりも長かったのですが、私が行っているようなコミュニケーション力をつけるための「ことばの教育」としての英語教育に関してはまったく経験がなかったのです。彼女のクラスには私もできる限り参加することにし、三回に一回は私に教えさせてもらいました。そのうち私の授業の日には、常に数名の先生方が見学にくるようになりました。

サムネッシュと私が選んだ最初のテーマは、「子どもの権利」でした。自分たちに与えられた権利で大切なものは何だろうと、絵とそれに添えられた彼らの母語であるアムハラ語を読みながら、子どもたちが選択していきました。その中で、「子どもの権利」の中に入っていた「遊ぶこと・食べること・眠ること」を子どもたちが選び、練習しました。もちろん、私が教えた子どもたちはエチオピアでも首都に住む比較的余裕のある家庭の子どもたちです。でも、その子たちにとっても、***"We have the right to play!"***（私たちには遊ぶ権利がある）と表現するのは、とても嬉しかったようです。もちろん、私にとっても感激的でした。日本で作成した英語の教材をエチオピア人の子どもたちがいきいきと受け取って練習しているのです。背中に鳥肌が立つくらい感動してしまいました。

この授業を見ていた数名のエチオピア人教師が、子どもたちの表情の明るさにたいそうショックを受けていました。そして、自分の教室に「笑顔」がないことを気にしたこともなかった、ということに再度考え込んでいました。

第8章

グローブ・インターナショナル・ティーチャーズ・サークル

誕生会に集まってくれた子どもたちの輪(アディスアベバ)

1＊本物を創る、本物で教える

グローブ・インターナショナル・ティーチャーズ・サークル（GITC）が一九九二年から作り続けている英語教材は、国際理解教育の焦点の絞り方で、大きく領域を五分野に分けてテーマを選び、作成しています。左の表を見てください。これまでに作成した全テーマです。児童に教える英語に、人権とか平和といった分野に対し、きっと違和感を抱かれると思います。ところが、こういった分野にこそ、これからの子どもたちに意識的に身につけて欲しい概念があります。

ただ、こういった「概念」は、子どもたち自身が自分の力でたどり着いて欲しい概念であり、決してこれらを「ことば」で直接伝えてはいけないものです。例えば、「お友達と仲良くしなさい」という概念を、大人はどうしても「ことば」で子どもたちに説教してしまいます。けんかなどを仲裁する場合にはこれがほとんどです。しかし、子どもたちにとってはおもちゃを取られたり、小学生であれば嘘をつかれたりと、仲良くできない「理由」があってけんかをするのです。これを無視して、「仲良くしなさい」と言っても、まったくの空回りとなります。GITCの教材が目指すものは、参加し

テーマ別ユニット一覧表

1992－2000

人権教育	平和教育	環境教育	異文化間理解	地域研究
誰の仕事？ (性差別について)	難民	絶滅の危機に瀕する動物たち	世界の遺産	世界7大陸＃1 (世界の友達)
五感	アメリカ先住民	これはゴミ？	色いろいろ (肌色って何色？)	カンボジア (昔話から)
子どもの人権	協力しよう (楽器とともに)	太陽系宇宙	衣服比べ (エチオピアと日本)	ぼくたちのいるところ
選挙	アボリジニの人々 (オーストラリア)	様々な乗り物 (人々を運ぶ)	成人式	ブラジル
様々な職業	平和への道 (キング牧師とマザー・テレサ)	水の旅	絵本 “SHADOW”	大韓民国
いろいろな食生活	チョコレート	地震	学校	季節
アイヌの人々	バナナ	お米	道さまざま	南アフリカ共和国
絵本 “Oliver Button is Sissy!”	地球家族＃1 (写真で見る世界の家族)	熱帯雨林	トイレットペーパー	世界7大陸＃2 (世界地図と人口問題)
心と身体の健康	紅茶の世界	鯨(食物連鎖)	様々な言語	デンマーク
レストラン・グローブ	地球家族＃2 (ペンパル)	石油	お金	世界の海
名前って何？	私のスパイス	象たち	他の国から来た人々	砂漠に生きる人々
地域に生きる	地雷	地球 (誕生から未来へ)	絵本(スワヒリ語の世界) “Jambo means hello”	北極圏
	いじめは許さない	風	人々の住居	サモア
	絵本 “Swimmy”	南極大陸	豆いろいろ	
	11月11日に時差について	恐竜たち	布と衣服	
		太陽		

たり、体験したりする中で、「仲良くすると楽しい」、「一方的に誰かが得するのはおかしい」といった「感覚」を英語を通して、子どもたちに実感してもらうことなのです。

このテーマ表をご覧になって、どうして「チョコレート」や「バナナ」が平和教育なのだろう、とお考えになる方もいるのではないでしょうか。私が英語の先生方に講演を行う時に、もっとも頻繁に聞かれる質問がこの「チョコレート」や「バナナ」です。その次に多いのが同じく平和教育の「十一月十一日に・時差について」でしょうか。

「チョコレート」や「バナナ」は地球の抱える課題、南北問題を扱うための教材です。日本の子どもたちにとって、とても身近な食べ物であるチョコレートは、実に多くの人びとや地域が関わりあって製品となります。主原料であるカカオ豆はアフリカのガーナで、砂糖の砂糖きびは南米のキューバで主に生産されます。これらの材料が使われてチョコレートになります。ところが、カカオ豆のとれるガーナで、現地の子どもたちがチョコレートを日本の子どもたちのように頻繁に口にできるか、といえばそうではないのです。この教材では、生産者がどこの誰で、一個百円のチョコレートの材料費はどのように分配されるか、といったことも子どもたちの学年や年齢にそって学習されます。もちろん、小さな子どもであれば、砂糖がチョコレートに入っている、砂糖はキューバからやってくる、といった程度の英語で十分です。これは世界の現実であり事実です。たとえ幼い子どもでも、実際にチョコレートを手にし、世界地図を見ながらこのフレーズを学ぶことに大きな意味があります。

平和教育の分野で時差を扱う教材に、「十一月十一日に」があります。時差を扱ってどうして「平和教育」になるのでしょう。

そもそも、子どもにとって「平和」という感覚は非常に遠くて身近なものとは言えません。時差に関しても同じです。この二つを組み合わせて英語教材にするには、かなりかみ砕いたメッセージを子どもに伝える必要があります。ここでは、「寝ている人を起こさない」という分かりやすい生活のルールを、「時差」という地球上の時間のルールに重ねて伝えることにしました。つまり、いまの自分の時間がジャカルタのテュティちゃんやアフリカのバマコのコンティくんの時間とは違う、ということを「この時間に電話してもいい?」というように尋ねて実感するようにするのです。あらかじめ、世界七か国に住む七名の子どもたちを紙人形で紹介し、彼らの住む場所なども世界地図などで確認しておきます。そして、最終的に、

"What time is it now ?" (今、何時?)

"Can I call TUTTY?" (チュティに電話してもいい?)

と具体的に日本との時差を計算しながらゲーム感覚で英語を練習していきます。

学びはじめて数か月の子どもでも、そこに現われているメッセージや背景がおもしろく、想像力をかき立てられるものであると、英語もすんなり覚えてしまいます。子どもは、これはおもしろいと感じられ、また必要であると認識すると、ほんとうに水がスーっと砂に染み入るように新しいことを吸

収してしまいます。子どもが、自然な形で「学び」を受け入れるためには、その内容が子どもたちにとって「本物」かどうか、ということが大きな要素になります。

しかし、どうして英語でなくてはいけないのか、という疑問もよく耳にします。そうです。なにもこれは英語でなくてはいけないことではないのです。ただ、私と私の仲間であるＧＩＴＣのスタッフは英語の教師です。その私たちが「英語」ということばを通して子どもたちに伝えたい内容が、このテーマに代表されている概念なのです。ＧＩＴＣが教材を作成するときに心がけているのは、教える内容が子どもたちにとって、想像力をかきたてることができる「本物」であるかどうかです。ただ、この判断を子どもたちにその時その場でしてもらうということを期待していません。もしかしたらその判断をしてもらえるのは何年か後になることもあるのではないか、という覚悟もしています。でも、私たちができるだけ子どもの心にそって、「本物」だと思える内容を教材にしていくことは可能です。この判断を支えるのが、日々接している子どもたちの反応であり、ゆらぐことのない、ＧＩＴＣの目指す英語教育の理念です。この理念は少々長いのですが、ここに紹介します。

『国際理解教育とは、多様な文化が存在し、人間も他の生き物も、相互依存の関係で生きる世界で、地球市民としての責任を果たし、同時に自己の可能性を活かして豊かな人生を送るのに必要な生きる力（知識・姿勢・技能）を育てる学びである』（ワールド・スタディーズ学びかた・教えかたハンドブック）

テーマ学習「異文化間理解・豆いろいろ」

東京・公立小学校での「平和教育・地球家族」のテーマ学習

2 ＊大人には吉村式カウンセリング英会話

ＧＩＴＣは、英語で国際理解教育を進めるためのかなり充実した教材を、二〇〇〇年までは年十回、二〇〇〇年五月以降は、年五回提供します。また、ＧＩＴＣが力を入れているのは教材提供のほか、日本人の英語の先生に対する研修があります。この研修は大きく二つの種類に分かれます。一つは、国際理解教育を進めるための英語教育という、ＧＩＴＣの根幹にあたる部分を理解してもらうことや実際の教材の使用方法やアレンジの指導方法にあたる部分です。そして、もう一つは、ずばり、英語の先生の英語力を上げるためのものです。

英語の先生の英語力をアップするのは、実はたいへん困難なことです。特に、子どもたちを教える児童英語の先生方のなかには、一般的な日常会話はこなせるが、日本語を話せるようには英語を話せないというジレンマもあって、自分のレッスンのために子どもたちに教えている先生だっているくらいです。そんな方々は、情報や知識としての英語をかなり身につけているため、自分から発信する英語そのものに交通整理を必要とする場合が多いのです。

「吉村式カウンセリング英会話」とは、米国のラヨラ大学で活躍された、故チャールス・カーラン博士が開発されたカウンセリング・ラーニングをベースに、私が日本人向けに改良したものです。どうして、吉村式などというご大層な名前がついているかというと、このカーラン博士が亡くなったあと、カウンセリング・ラーニングは法人格を持った研究団体となり、自分たちの訓練を受けた講師のみがカウンセリング・ラーニングの有資格講師として活躍できる、という規則を作ってしまったのです。また、残念なことに、その指導方法に独自の変化をつけることを好まないため、私が日本人向けにアレンジしたものは、邪道とも呼ばれてしまいます。そこで、苦肉の策として、吉村式カウンセリング英会話という名前をつけたのです。私とこの教授法の出会いは、私のルイス・アンド・クラーク大学時代でした。その後、ニューヨークのコロンビア大学大学院時代に自分自身がタイ語の訓練を受けたり、青年海外協力隊の訓練所で隊員候補生に教えたりして、しだいにこの教授法を日本人向けに改良していき現在の形にたどり着きました。

具体的にどのようなことをするのか説明しましょう。吉村式カウンセリング英会話とは、お仕着せのテキストや決り文句の復習といった従来の英会話練習とはまったく違う方法を用います。定例句を何回も繰り返すことだけに頼って覚えるという方法では、一般社会の言語生活の中に存在する何百、何千というさまざまな事例には対応しきれません。また、その「定例句」自体が、どこの誰が「定例」と決めたかということが問題にもなります。本家本元のカウンセリング・ラーニングも私の吉村式カウンセリング英会話も、学ぶ内容が学習者自身から提供される、というところは同じです。

実際の教室での指導方法は、英語と日本語を同程度に操る能力のある講師が、四～六名の学習者がつくる円の外側に立ちます。学習者は自分の言いたいことを日本語で講師に伝え、講師は、同時通訳に似た手法で学習者の発言したいことを英語に直していきます。発言内容は学習者に任せます。講師は、学習者の言いたいことをもっとも適切な語彙や文法のレベルを考慮しながら英語にしていきます。学習者は、講師の提供する英語を自分の声に出して練習します。自分の英語の「セリフ」と講師の「セリフ」が同一レベルくらいになったと判断した時、予め録音状態を一時停止にしておいたテープレコーダーを再起動させて、学習者の「セリフ」を録音します。次に別の学習者が、その直前のセリフを受けて会話を続行させます。こうして、日本語の会話が自然な形で英語の会話になっていくのです。この手法で「英語」を練習すると、自分の言いたいこと、または言回しの癖のようなものまで教材とすることができるのです。

ここまでの手順は、正統派のカウンセリング・ラーニングと大差ありません。どこが私のオリジナルかというと、私はこの「会話」に場面設定をすることをルールとしたのです。つまり、生徒の中にその授業ごとの担当者を決めておいて、場面設定と特殊な語彙の下調べを授業が始まる前にしておいてもらうのです。これは青年海外協力隊で、獣医師のグループや電気機器管理者といった特別な職種の隊員候補生を教えなくてはいけなくなったことで生み出した策でもあるのです。考えても見てください。私は英語の教師で、獣医でもなければ、電気技師でもないのです。でも、彼らが任地へ行った時、覚えておかなくてはいけない「英語」とは、自己紹介やレストランでの注文取りの英語ではありません。必要なのは、例えば獣医であれば、双子の牛の逆子《さかご》のお産の場合、何と説明し、牛のあかちゃんの足を引っ張らせるのか、ということなのです。

吉村式カウンセリング英会話では、こういった場面を学習者が設定し、講師のために必要な語彙を調べておきます。情景設定とそれに必要な語彙さえ分かれば、教師としてそれを「英語の会話」に直していくのは可能です。これは、学ぶ仲間の専門が同じであれば、学ぶ内容は果てしなく専門的に膨らませていくことができるのです。めでたく訓練を終え、任地に赴いた協力隊員が、「授業で学んだ『英語』をそのまま現地で耳にする不思議さ……」と言ってレポートしてくれました。

この手法での英語の学びは、日本語のニュアンスが果たして英語になるかどうか、という考察をしながら進めていくので、文化の違いが言回しの違いになることも同時に学んでいきます。また、日本人はたとえ表面的にはYESと言っていても、本心ではNOの場合もあり、そういった複雑な心理を読むことも必要です。すると、この教授法を自由に使いこなす講師は自ずと限られることになります。しかし、なんといってもカウンセリング英会話と銘打つこの教授法の特長は、学習者の心の中を聞いて行く「英語」の学び方です。これまでの受講者が「英語」を学びながら、そのグループ内で深く信頼しあい、自分を表現していく過程は感動的でした。また、英語力も確実に身につきます。突然の海外駐在のためや、政治家が通訳をつけないで国際会議にでるために集中的に「英会話力」をつけさせてほしい、という依頼にも、自信を持って引き受けることができます。大人の英語学習法として、これからもこの方法を広めていきたいと考えています。

3＊授業を通して子どもたちに伝えること

私の現在の仕事の中で大きな位置を占めるのが、全国各地の公立小学校へ出向いて行う「モデル授業」です。これは、私の講演を聞いた先生方や論文を読んだ国際交流団体の関係者が、私を講師として招いて講習会を開き、そのあと、「せっかくですから子どもを実地で教えてみてください」ということになるのです。

この出前授業で感じることは、日本の子どもは本当によく英語を知っている、ということです。東京の郊外でも、都心近くでも、あるいは、東北や九州の小さな町でも、子どもたちの「英語」に関する情報量はさほど変わりません。おそらく、テレビに代表されるマスメディアの影響、また、テレビゲーム類の用語からもその知識は確実に増えていっているのでしょう。これは、いままでの、教師のきれいな発音のみが「正解」とされていた英語教育では、歯牙にもかけてもらえなかったカタカナ英語の部類に入るものです。しかし、私は、このような日本語読みの英単語でも、肯定的なものとして積極的に評価しています。なぜなら、テーブル、チェア、ハウス、ドッグ、キャット、カップ、トマト、シップ、カー、これらはすべて「英語」です。確かに発音は、そのままでは通用しません。が、もしもこれらをまったく知らなければ、これらさえも一から学ばなくてはいけないのです。たとえばスペイン語かスワヒリ語でこれらを全部言い直せますか？　そうです。日本人は実に多くの英語を知っていて、もう誰でも百歩のうちの最初の十歩くらいは踏み出しているのです。私はこういった「知識」も総動員して、分からない、という状態をどうやって抜け出したらいいかを教え、励まします。あきらめないでひとつのとっかかりから解決方法を探る、という態度は、実は英語を理解するだけではなく、それこそ人生を生きる知恵でもあると思うのです。

先日東京都内の公立小学校で、環境教育のテーマ「姿を消す野生動物・ぞう」を使って、授業したときのことです。

対象のクラスは、それぞれ一年生三十九名と三年生二十八名です。私が、こういった形でモデル授業をする時に子どもたちに必ず伝える励ましのことばがあります。

「分からない、と思った時でも聞くことをやめないこと。一つでも分かることばがあったら、そこから想像して、意味をわかってしまおう！」

この授業の冒頭では、全員に目を閉じてもらって、それぞれの頭の中に「ぞう」を思い浮かべてもらいました。目をあけてどんな象が見えたかを聞きました。

「大きなぞうだった」

「一〇〇匹いた!」
「子ぞうと一緒だった」
「アフリカの原っぱにいた」
「私のぞうはむらさきだった」

子どもたちは視覚的にはっきりと象の姿を想像していました。これは、あとで絶滅に瀕《ひん》する野生動物という考えを導入する際に役立ちます。もしも、地球からぞうたちが一匹もいなくなったら、頭の中にぞうさんが出てこなくなっちゃうかもしれないね、と話しかけるのです。

この一年生の授業で、とても印象深いことが起こりました。この授業のハイライトのひとつに、実際の約三分の一の大きさに作った子ぞうのポスターに向かって、

"Elephant, Elephant, may I touch your body ?"
(ぞうさん、ぞうさん、あなたの身体に触っていい?)

と聞く活動があります。子どもたちに「ぞう」という動物の存在を身近に考えてもらうためです。いくら、野生動物を保護しようとことばで訴えても、幼い子どもたちにはボンヤリとした遠い投げかけになってしまいます。私は、子どもたちに、もしもこの教室に本物の象がやってきたら何をしたい? と尋ねました。子どもたちは素直に、一緒に遊びたい、と言います。そこで、ぞうさんの身体

に触ってみたい？　と尋ねたところ、全員がうなずきます。それじゃあ、触ってみてもいい？　というのを英語でぞうさんの目を見ながら聞いて見よう、と促しました。子どもたちは、前出の英語を一生懸命練習して、黒板に張られたポスターに話しかけました。私は、ぞうになって答える役割です。

テーマ学習「姿を消す野性動物・ぞう」

小学校での出張授業を行う著者

前に出て、
"May I touch your body ?"と話しかける子どもたちに、
"Yes, you may !"と答えました。
この時の子どもたちの人数は教室いっぱいの三十九人。でも、できるだけ多くの子どもたちに前へ出て発言してもらいました。すると、ある元気のよい男の子が前に出てきて、***"May I touch your body ?"***と言うやいなや、私の返事を聞く間もなく、黒板にはってある象をいきおいよく、ドンドンとぶったのです。
座っている子どもたちからも「あー、ぶってる!」という抗議の声が聞こえました。この男の子の前の何人かには、「セリフは先生に向かって言うのではなく、触っていいかどうか聞くのはぞうさんにでしょう? ぞうさんの目を見ながら言ってみようね」と促していたので、紙に書かれた象に感情移入さえしていた子どももいたのです。
「ぞうが痛いよお!」という悲鳴のような声も聞こえました。私は象をぶったその男の子に、「いまのは、〝タッチ〟じゃなかったね。ぞうさん、そんなにぶたれたらいやだと思うよ」と伝えました。男の子がただふざけていただけなのは、分かっていました。でも、私の発言は予期していなかったようです。びっくりした顔をしていました。
「ねえ、ぞうさん、ぶたれたらいやだって、言っているよ。もう一回やり直そう! ぶつのと触るのはちがうよね」と話しかけると、その男の子は素直にうなずきました。

そこで、その同じ男の子にもう一度黒板のところに来てもらい、セリフも初めからやり直しです。ゆっくりと、私の目を見ながら、男の子がもう一度言い直しました。

"Elephant, Elephant, May I touch your body?"

ぞうさん役の私は今度はゆっくり、にっこり笑って、***"Yes, you may!"***と答えました。すると、その子が今度は本当にていねいに優しく紙のぞうさんをなでてくれました。それを見ていた他の子どもたちも嬉しそうでした。

国際理解教育で進める英語の授業だからこそ、子どもたちが練習している英語のひとつひとつが深い意味を持ち得るのです。ことばで現される表現と、心の中で大切にしたい思いが一緒に提示され、それが学びの場で実践されると、子どもたちの心の真ん中までまっすぐに届くのです。たった一時間でしたが、この活動を通して、子どもたちの意識の中に、「ぞう」が一歩身近にやって来たはずです。

学校での実践ではないのですが、子どもたちがいかに本質を見る能力に優れているか、ということがよく分かる出来事がありました。A君は小学四年生。一年生の秋頃から私が自宅で開催している子ども英語教室に通ってきていました。彼は、感受性とことばの感覚が非常に豊かで、私が教える「内容」にぐいぐい食らいついてきます。習いはじめて三年目くらいから、私が直接教えてもいない「英語の読み」も自分で解読してしまったほどの語学的センスに溢れています。しかし、家庭の都合で、教室に通えない距離に引っ越すことになったのです。その彼が引越ししたあと、三か月ぶりに訪ねてくれて、特別授業に参加してくれました。すると、A君の後から入った子どもたちが、彼を上回る理解力を示していたのです。つまり、どんなに騒がしかろうと、うるさかろうと、そこにいて同じ空気をすって、英語で体験する活動をするだけで、「英語力」そのものが十分に養われていることが判明したのです。でも、この出来事は、引越しをして行ったA君にものすごい衝撃を与えたようです。彼のお母さんからその日の夜の彼との会話を後から聞かせてもらいました。

「お母さん、こっちでも、英語習いたい」

「そうだね。探して見ようか。でも、きっと、吉村先生のところのような教室じゃないと思うよ」

「そうなんだよ！　きっと、犬の絵かなんか見せられて、ドッグ、ドッグ、ドッグとか言わせられるんだ。やだなぁ……」

彼の心情を察すると、ものすごく辛《つら》い気持ちになります。確かに、ただの反復練習ではない、「人間関係」を学ぶための「英語」の教室と、言回しや単語を拾っていく英語の教室とは大きな違いがあるのです。

4 ＊子どもの心に届く英語教育

大人たちの子どもに関する思い込みの一つに子どもの心はとても感じやすい、というものがあります。そうでしょうか？　確かに「本物」に出会う時はそのとおりです。でも、子どもは、理解不可能なことや不愉快なことに対しては、けっこうすばやく心を閉ざします。すると感じやすい部分までも封印してしまうこともあるようです。大人として教師として、そんな生の感受性は恐いけれど大切にしてあげたい。ただ、情け容赦ないかわり、自分が心底同意したり、感情移入ができると、それは子どもたちの大切な「記憶」になるようです。「ことば」で人とつながるための英語教育において、子どもの心にどれだけ、心を動かすような種をまくことができるかが、問われています。

子どもの心を動かす。メッセージを伝える。これらをいっせい授業ですることはかなり難しいことです。でも、一人ひとりにていねいに世界の事実を伝えていくことで、ここで一つ、あそこで一つ、と種をまくことはできます。ＧＩＴＣの教材の中に、「難民」というテーマがあります。日本の子どもたちには「平和」という概念よりもさらに遠い事実でしょう。このテーマをなんとか身近に考えてもらうため、マータというアフリカの女の子を主人公にして、実話から話を起こした紙芝居を作成しました。また、この「難民」のテーマで子どもたちが体験した活動に"Want and Needs Bingo"というものもあります。これは、一般の児童英語教育でも頻繁に行うビンゴと形態は同じです。もちろん、中身は色や果物の名前あてビンゴとはおおいに異なります。まず、子どもたちは、難民がどうして起こるのかをマータの紙芝居を通して学びます。UNHCR(国連難民高等弁務官事務所)が作成している「ほんのちょっと変えてみよう・英語字幕つき/日本語吹き替え版あり」というビデオも鑑賞し、世界の難民について学びます。そして、こんどは「難民の人は何が必要だろう」という教師の問いかけで、ビンゴの中に書き入れる、難民の人が何を必要としているかという項目を作成します。そして、それを簡単な英語、例えば水・WATERをビンゴの表に書き込みます。書き終わった後は、通常のビンゴ遊びです。ビンゴの遊びは、それなりに楽しいものです。

しかし、子どもたちが考えた、難民の人たちが必要なものとして、衣類やテント、おもちゃ、本、の次に、「優しい大人」が項目として出てきたのには子どもの感性に圧倒されました。「優しい大人」が必要だと言うのです。そこいらにたくさんいるどんな「大人」でもいいのではないのです。私は、不覚にも落涙してしまいました。

子どもにとてもよくなじむ活動としての「歌」でも、積極的にこのマータの境遇を子どもたちに投げかけました。

The Troops are coming. People scatter around.（戦車がくる　人びとが逃げる）
Oh, I don't want to run away from my home.（家から離れたくない）

（途中省略）

Why do they chase us?（どうして追いかけるの？）
What have we done?（私たちが何をしたの？）
Oh, I don't want to stay here.（ここにいたくない）
This is not my home.（ここは私の家じゃない）
Oh, I want to go home.（お家に帰りたい）
Oh, my sweet home.（私のお家に帰りたい）

この歌詞の題名でもありますが、中に数回 ***"I want to go home."*** という部分が出てきます。これは単純に訳せば「お家に帰りたい」です。子どもたちとこの歌を最初に聞いた時、いつもどおり、「何が聞こえてくるか、よ〜く聞いてごらん」と促します。曲のメロディや歌い方から歌詞のイメージを摑《つか》んでもらうのです。すると、この曲に関しては次のような感想でした。

「なんかさびしい」

「ホームって家のことだよね。何回も出てきた」

この歌に関しては、紙芝居に連動していることを伝えていましたので、マータが難民になったことを理解したうえでの発言です。そこで、**"I want to go home."** ってどういうこと？ と促すと、すぐに正解が出ました。

「お家に帰りたい、だ」

そこで、私がこう聞き返しました。子どもたちとのやり取りです。

「みんなは、どんな時お家に帰りたいって思う？」

「お友達の家から」

「学校から」

「そうだね。それも英語で言うと、**"I want to go home."** だね」

この会話のあとで、一人ひとりに **"I want to go home."** を練習させてから、こう続けました。

「今度はね、難民になったマータが、もうなくなっちゃった自分の家を思い出しながらお家に帰りたい、ってどういうふうに言うか考えてみよう」

全員がシーンとなりました。その中の一人が、こう言います。

「先生、マータのお父さんは戦争に行ったし、弟は逃げる途中で死んだし、お母さんは病気でしょう？ お家にも火をつけられて、お家はもうないんでしょう？」

「そうだね。でも、なくなったお家でもお家に帰りたいって思うことあるよね」

すると、普段とても元気な女の子の一人の目から涙がツーッと流れてきました。

「先生、そういう時もさっきと同じ、**"I want to go home"**って言うの?」

「そうなんだ。同じなんだ。でも、きっと心の中は違うね」

「……言えないよ。同じなのに言えないよ」

難民になること、親が戦争に自分の意志とは関係なく徴兵されること、日本の子どもたちの現状からは遠い遠い現実です。でも、この日本の子たちと同じ年頃の子どもたちが、このような状態でいることをまったく知らされないで成長していくことも間違っています。

「ほんとうのこと」は確かに重いし、毎回毎回子どもたちを精神的に追いつめたいわけではありません。でも、このような現実が実際にまだあることは知らせたい。また、将来思いがけない形で生徒たちがこういった紛争にまきこまれる可能性だって否定できません。世界の出来事のすべてが何らかのつながりによって、最終的には自分たちも関与しているのだということを子どものうちから学ぶ必要があります。世界の出来事は想像を超えることで溢れています。そして、その混乱を解決に導く人びとの中に、日本人は積極的に入っていく責任も負っていると思います。一見関係なさそうな出来事にも、自分に引きつけて考える訓練こそが、将来の行動に結びつく姿勢を育てることだと思うのです。

エピローグ——いま女性が元気なのにはわけがある

いま、女性は元気だと言われています。そうでしょうか。本当のところは、元気な女性もいるけれど、そうでない女性もいるのです。私たちが暮らす現代の日本は、学歴社会や社会の序列が崩れ始め、その中で、必死にその枠組みを維持しようとしている男性は疲労困ぱいしています。子どもたちは既存の枠組に異議を唱え、学校や地域に背中を向け始めました。女性だって、社会で働いていれば男性と同じように疲れているし、年老いた親の介護を一人で抱えている人もたくさんいます。

それでも、いま、日本の女性は元気です。グローブ・インターナショナル・ティーチャーズ・サークルのスタッフは全員が女性です。私たちは、子どもたちに英語を教えるということは何を目指しているのだろう、という壁にぶち当たりました。私たちは自分の目の前にある矛盾に気づいてしまいました。つまり、これまでのように、大人たちが考えた英語の文章をただ子どもたちに繰り返して練習させるだけでは、私たちが真に願う意味での教育はできない、というところにたどり着いたのです。

私たちにとって、子どもたちに英語を教えることとは、目の前の彼らが大人になった時、独立した幸せな人生を送ってもらうことです。英語は、彼らにつけてあげたい「翼」です。英語を身につけることが、子どもたちの世界を広げる道具となって欲しいと願っているのです。

私たちが元気なのは、この矛盾をなくする努力をしているからです。もしもこの矛盾にさえ気がつかないでいるとしたら、ここまで元気に、そして挑戦的な仕事をしていなかったでしょう。私が一人で始めた挑戦が多くの女性の心に波紋を投げかけたのは、私と同じように、「日本の英語教育は、このままじゃおかしい」と思う人が多いからです。地方へ講演に出かけ、GITCの理念を話すとき、目に涙を溜めてうなずいてくれる人がたくさんいるのです。私は、なにも感動的な話をするわけではなく、例えばBe動詞や不規則過去形を一生懸命教える代わりに、肌の色は一色だけじゃないんだよ、ということを子どもと一緒に考えましょう、と伝えているだけなのです。

私たちの元気さは、女性の持つ力強さに支えられています。そして、女性の強さとは、「何でもあり！」という開き直りにも似た包容力にあると思うのです。私たちは、「〜は、こうあらねばならぬ！」という既成の思い込みに足をすくわれることが多すぎました。この、誰からか、どこからか押しつけられた、「ねばならない」から解放され、自分自身のしたいこと、信じることに素直になることができれば、逆に私たちが受け入れることや我慢できることはぐ〜んと増え、他人から見れば苦労と思うこともちっとも苦労ではなくなります。GITCのスタッフが日々教材制作や研修会の準備などで、ストレスが溜まるほど忙しく働いていたとしても、事務所にはいつもおいしいお菓子や食べ物や笑いがあるのです。

女性の強さのもう一つは、いろいろな役割を複合的にこなすことでもあると思うのです。私は長男の学校では一保護者であり、ＰＴＡにも関わっています。ＰＴＡで発言するとき行事に参加するとき私は一人の保護者です。他の学校では校長室に通され、講演をする講師としてお茶を出されることもあるのですが、保護者としての私はＰＴＡ総会の際、「接待係り」としてお茶当番になることだってあります。

ＰＴＡで行った地区清掃でのことです。川の中に転がっていた缶などを拾い集めていた時、一人のお母さんからこう聞かれました。

「吉村さんて、英語の先生なんですってね」

「はい、そうです」

「……どう見ても英語、話す人には見えないわね！」

確かに、着古したＴシャツ、首には古タオル、さらに短パンで足元はビーチサンダルです。おまけに額には玉の汗。言われた瞬間は絶句してしまいました。でも、数秒で口元がゆるみ、違う感情が湧いてきました。これはとても愉快なことではないですか。いろいろな顔を持って、いろいろな場所で、いろいろな体験をすることで私たちはもっと強くなれるし、それぞれの違う自分を肯定することで、本当に自由にもなれるのです。肩書きや自分で自分を縛る、「……ねばならない」のよろいをさっぱり捨てると、なんと身体が軽くなることでしょう。

私が元気なのは実はもうひとつ別の理由もあります。私は高等教育をアメリカ合衆国で受けたことを誇りにしています。人間として、いまある自分を受け入れること、そして失敗さえも人生の糧であるという考え方の基盤は、見ず知らずの私を親切に大切に受け入れてくれた多くのアメリカの人びとが教えてくれました。デンマークでは、伝統的な価値観と近代的な生活がもたらすジレンマに正面から向き合っている同世代の人たちの葛藤を学び、彼らの傷ついている心をどうしたら救えるのか、とも考えました。コミューンと呼ばれる生活の場を訪れた際のことです。彼らの自分に対する罪悪感とは、自分たちの保証された豊かさが過去や現在の抑圧された人びとの不幸の上に成り立っている、というところから出てきているようでした。そして、二度のアフリカの生活では、この悩み迷うデンマークの友人たちが話していた事実そのものを実体験する機会に幾度となく恵まれました。個人の力だけではどうしようもない現実があります。それでも、現状をよくしたい、何か自分にできることはないかという気持ちをもっと多くの人が持てば、全体が一挙によくならなくても、少しずついい方向へ変化していく、と私は信じています。

そして、気がつきました。私がこのように多くの場所で、「英語」ということばを介して人とつながってきたのは、私一人が経験した過去から現在までのひとくくりです。このひとくくりが一人ひとりの人生にそれぞれあって、複雑に絡み合いながらゆっくり歴史が動いているのです。私は自分のひとくくりしか体験できないけれど、私のひとくくりの前にも後ろにも、そして両横にも、それぞれのひとくくりを抱えた人が大勢いるのです。

そして、このことをさらに進めて考えてくると、つながりながら人間は存在するという事実は、自分がいかに過去の多くの女性に助けられている存在であるか、ということにも気づかせてくれたのです。日本に生まれ、名を残した女性、例えば与謝野晶子や平塚らいてう、市川房江、加藤シズエ、丸岡秀子、石垣綾子がそれぞれの人生で奮闘したことが今を生きる私たちを支えています。そして、名もない私の祖母たち、その母たち、さらにその母たちが生活をしていく中で考えたこと、変えたかったことなどが、いま、私たち現代の女性によって実行できる時代になっているのです。私は、「英語」を話すことによって、アメリカ、デンマーク、リベリア、そしてエチオピアの有名無名の女性たちのすべてを含んだそれぞれの人生のひとくくりにも影響されながら現在生活しているのでしょう。

「こうでなければならない」、「女はこうあるべき」といった価値観がほとんど説得力を持たなくなってきている時代です。これを積極的に活かしていかないのはもったいないことです。女性が元気で働ける社会は、その女性たちを物心両面で支える男性がいるということにもつながります。もちろん、これは夫やパートナーだけに限りません。男性がいままでの価値観の中でがんじがらめになっているなら、ちょっと、バトンタッチでもいいじゃありませんか。そして、バトンタッチ！　と軽やかに声を出せる男性が増えれば増えるほど、「何でもあり！」の世の中がもっと広がり、世界はもっと住みやすく楽しい場所になるはずです。

グローブ・インターナショナルは、日々の生活の糧を稼がなくてもいい恵まれた環境の女性たちの集団です。でも、それは、私たちがいますべきことを過去の大勢の女性たちが支援してくれているのだ、と思うことにしましょう。私たちが日本の英語教育を変えていこう、世界の子どもたちにも「英語」で人とつながっていくことを楽しんでもらおう、と考え行動しているのは、実は大勢の過去・現在の女性たちから託された「宿題」でもあったのです。メリーポピンズの映画の中で、女性の参政権の獲得を目指す歌が挿入されています。いまこれをがんばれば、いつかきっと娘たちに分かってもらえる、と言っています。

"…our daughters' daughters will adore us…!"
（私たちの娘たちのその娘たちが、私たちのことを誇らしく思ってくれる！）

いまの私たちに与えられた「宿題」を楽しみながら、私たちの息子たちや娘たち、そしてさらにその息子たち娘たちへ渡す「宿題」を考えていくことにします。

著　者　吉村峰子（よしむら・みねこ）
1958年、東京に生まれる。高校卒業後、アメリカに留学。ルイス・アンド・クラーク大学卒業。コロンビア大学教育大学院にて、言語教育をとおした国際理解教育を専門に研究する。1983年帰国。国際協力事業団（JICA）青年海外協力隊駒ヶ根訓練所英語専任講師を務める。協力隊OBのJICA職員と結婚後、夫と共にリベリア、エチオピアへ赴任。リベリアにて、ブリティッシュ・コミュニティスクール英語講師、A＆Tメモリアルアカデミー副校長を務める。1992年「グローブ・インターナショナル・ティチャーズ・サークル（GITC）」を設立。現在、同代表を務める傍ら、国際理解教育・英語教育の普及のため、全国の学校へ出向き、出張授業、講演活動などを幅広く展開している。主な著書に『公立小学校でやってみよう！英語』（草土文化）の他、数多くの論文がある。

グローブ・インターナショナル・ティチャーズ・サークル
Globe International Teachers Circle (GITC)
日本の英語教育改革のために、教育現場の先生をサポートするセミナー・教材を提供する趣旨で、1992年に設立された民間の教育団体。
代表：吉村峰子
連絡先　東京都八王子市元横山町2-11-7　3F
〒192-0063
Tel 0426-56-1990／Fax 0426-56-1991
E-mail：gitchome@din.or.jp
ホームページ：http:www.din.or.jp/-gitchome/

装　丁　熊沢正人
装　画　秋山孝
写真提供　三輪ほう子（草土文化）

英語の翼に元気をのせて *A Thank You to English*

2000年4月7日　初版印刷
2000年4月25日　第1刷発行

著　者　吉村峰子
発行者　矢熊 晃
発行所　株式会社 出窓社
東京都武蔵野市吉祥寺南町1-18-7-303　〒180-0003
電　話　0422-72-8752
ファクシミリ　0422-72-8754
振　替　00110-6-16880
組版・製版　東京コンピュータ印刷協同組合
印刷・製本　株式会社シナノ

ISBN4-931178-30-8　NDC920　193　248p

出窓社◉話題の本

ノルウェーの森の猫

猫と暮らすアメリカ

小手鞠るい

アメリカ人の夫と移住し、暮らし始めた異国での生活。待っていたのは、友達も仕事もない、話せないという、「ないない尽くし」の毎日。鬱鬱とした心を開いてくれたのは、一匹の猫との出会いだった。マイノリティとして生きる著者が、猫に導かれて、アメリカ社会へ踏み出していく心暖まるエッセイ。

本体一五〇〇円＋税

ウッドストック森の生活

小手鞠るい

人生の半ばで知った自然の中での暮らし。ニューヨーク州ウッドストックの森に見つけた家は、自然とともにシンプルに生きる意味を教えてくれた。アメリカのカントリーライフと人びとや木や花とのふれ合いを通して自然と環境について考える。「ノルウェーの森の猫」の続編。〈日本図書館協会選定図書〉

本体一七〇〇円＋税

スイス的生活術

アルプスの国の味わい方

伊藤一

美しいだけが、スイスではない。幼ワインの郷愁、窓辺に花を飾るわけ、多言語国家の日常、核シェルターは空から見えない、食事の後はリキュールで……住んでみて初めて分かる、憧れの国スイスの魅力と面白さの数々。スイス暮らし十一年の著者がつづる極上のスイス論。〈日本図書館協会選定図書〉

本体一八〇〇円＋税

空飛ぶ大学

「文明の衝突」のヨーロッパを行く

内藤正典＋一橋大学内藤ゼミ

冷戦後の世界は、民族と宗教をめぐる紛争の時代だといわれる。とくに西欧社会では、21世紀の敵はイスラムだという声が高まってきた。その西欧の国々に大勢のイスラム移民が暮らしている。マスコミ報道から伝わってこない彼らの実像を確かめるため、学生たちは研究室を飛び出した。新しい学びの試み。

本体一八〇〇円＋税